ジェンダーとわたし

〈違和感〉から社会を読み解く

【編著】笹川あゆみ
Ayumi Sasagawa

Gender and I
Looking at the world through the lens of discomfort

北樹出版

まえがき

　ジェンダーという言葉はかなり一般的になってきたようですが、それが何を意味するのかについては、多くの人にとってまだ謎のようです。本書は初学者を対象として、ジェンダーについて考える取っ掛かりとなってもらえるような内容を目指し、わかりやすさに重きを置いて執筆しました。

　1970年代前半のウーマン・リブ運動から40年以上経った今、「男尊女卑」「性差別」といった言葉は現実味が薄くなってきました。時代は変わり、かつてのような「わかりやすい」性差別は少なくなりました。しかしながら、ジェンダーを巡る問題の多くは「解決された」というよりも、複雑さを増して混迷を深めているようです。

　毎日の生活の中で、ジェンダー不平等な現実に対して疑問を持つことは、まだまだあると思います。しかし、「でも、サベツっていうような大ごとじゃないし、自分さえ我慢すれば……」とそのまま飲み込んでしまっているようなことがあるのではないでしょうか。

　実のところ、ジェンダーにまつわる差別意識や偏見は（時には「常識」という名のもとに）社会のいたるところにいまだ存在しています。性別は単に「男と女」だけではないという認識も、ようやく広がり始めたばかりです。ジェンダー問題は決して他人事ではなく、「自分もかかわっている問題」です。ちょっとしたきっかけで違和感を覚えた時、どうしてそう感じたのか、どこにどういった問題があるのか、どう立ち向かえばよいのか、何をどう変えていけばよいのか、いろいろと考えて自らの糧としていってほしいと願います。そして本書がその一助となったら大変うれしく思います。

　そのような願いを込めて作り上げた本書の完成は、北樹出版の福田千晶さんの多大なるご尽力なしには成し遂げられませんでした。深く感謝いたします。

　　　2017年3月　　　　　　　　　　　　　　　　　笹川　あゆみ

Contents

第1章　ジェンダー概念とその背景 ·· *2*

 第1節　「ジェンダー」とは何か ·· *2*

   1．どうして性別が気になるのか *(2)*　2．ジェンダーによる思い込みの問題 *(5)*

 第2節　社会的性別と生物学的性別とは ·································· *7*

 第3節　ジェンダー概念が生まれてきた背景 ···························· *9*

 第4節　生物学的性別の多様性 ·· *12*

 第5節　このテキストの構成 ·· *14*

第2章　ジェンダー・イメージとメディア ································ *16*

 第1節　性別によって期待される異なる態度 ···························· *16*

   1．「男は論理的、女は感情的」？ *(16)*　2．女と男はどちらが得か？ *(19)*

 第2節　メディアの中のジェンダー問題 ·································· *22*

   1．メディアの担い手は大半が男性 *(23)*　2．新聞における男女の「住み分け」*(24)*　3．女性アナウンサーは若さが大事？ *(26)*　4．徴をつける意味とは *(27)*　5．CM・広告に描かれる女性像・男性像 *(28)*　6．「痩せ過ぎファッション・モデル」問題 *(31)*

 おわりに ·· *33*

第3章　学校教育とジェンダー ·· *36*

 第1節　「学校は男女平等」は本当か？ ·································· *36*

 第2節　学校教育に潜むジェンダー・バイアス ·························· *38*

   1．女子のみだった家庭科の履修 *(38)*　2．男子優先名簿から男女混合名簿へ *(40)*　3．教員の性別による垂直分離 *(42)*　4．教科書に描かれる性別役割 *(44)*　5．隠れたカリキュラム *(46)*

 第3節　高等教育におけるジェンダーの課題 ···························· *47*

   1．大学進学率の男女差 *(47)*　2．学部専攻の性別偏り *(49)*

 第4節　学校スポーツにおけるジェンダー問題 ·························· *51*

   1．男子の優位性を強調する学校スポーツ *(51)*　女子マネージャーをめぐる議論 *(52)*

おわりに‥‥‥‥‥‥‥‥‥‥‥‥‥‥‥‥‥‥‥‥‥‥‥‥‥‥‥‥‥‥ *54*

第4章「家族」とジェンダー‥‥‥‥‥‥‥‥‥‥‥‥‥‥‥‥‥‥ *57*

第1節 結婚って何?‥‥‥‥‥‥‥‥‥‥‥‥‥‥‥‥‥‥‥‥‥‥ *57*

1．問題だらけの婚姻制度 *(57)* 2．夫婦別姓はなぜ認められないのか？ *(60)* 3．セイフティネットとしての結婚と性別役割分業 *(61)* 4．恋愛結婚と日本特有の母性主義 *(64)*

第2節 日本は「少子化対策」、欧米は「家族政策」?‥‥‥‥‥‥ *65*

1．合計特殊出生率 *(65)* 2．「少子化」は女性のせい？ *(66)* 3．なぜ「少子化対策」なのか *(67)* 4．「少子化」は女性の責任？ *(68)*

第3節 育休とハラスメント‥‥‥‥‥‥‥‥‥‥‥‥‥‥‥‥‥‥ *70*

おわりに‥‥‥‥‥‥‥‥‥‥‥‥‥‥‥‥‥‥‥‥‥‥‥‥‥‥‥‥ *73*

第5章 DVとジェンダー‥‥‥‥‥‥‥‥‥‥‥‥‥‥‥‥‥‥‥‥ *76*

第1節 可視化されたドメスティック・バイオレンス‥‥‥‥‥‥ *76*

第2節 国際的に問題視されている女性への暴力‥‥‥‥‥‥‥‥ *78*

1．名誉の殺人 *(78)* 2．ダウリー殺人 *(79)* 3．女性性器切除（FGM） *(80)* 4．構造的な問題である女性への暴力 *(81)*

第3節 日本におけるDVの問題‥‥‥‥‥‥‥‥‥‥‥‥‥‥‥‥ *82*

1．日本における家父長制 *(83)* 2．日本におけるDVの実態と形態 *(85)* 3．DV防止法の内容 *(87)* 4．DV加害者はどんな人なのか *(88)* 5．DV被害者はなぜ逃げられないのか *(89)*

第4節 広がるDVの問題‥‥‥‥‥‥‥‥‥‥‥‥‥‥‥‥‥‥‥ *91*

1．男性が被害者となるDV *(91)* 2．デートDV *(92)*

おわりに‥‥‥‥‥‥‥‥‥‥‥‥‥‥‥‥‥‥‥‥‥‥‥‥‥‥‥‥ *92*

第6章 働くこととジェンダー‥‥‥‥‥‥‥‥‥‥‥‥‥‥‥‥‥ *96*

第1節 日本の現状と国際情勢‥‥‥‥‥‥‥‥‥‥‥‥‥‥‥‥‥ *96*

1．男女共同参画に「参画」できるのは誰？ *(96)* 2．GGI *(97)*

第2節 日本の労働市場概況‥‥‥‥‥‥‥‥‥‥‥‥‥‥‥‥‥‥ *99*

1．M字型曲線とは *(99)* 2．水平的職務分離と垂直的職務分離 *(100)* 3．労働とセカンド・シフト *(101)* 4．子どもをもつことと働くこと *(103)*

第3節 日本特有の雇用慣行が何をもたらすか‥‥‥‥‥‥‥‥‥ *104*

　　　　１．終身雇用と年功賃金 *(104)*　２．「一般職」と「総合職」の登場 *(106)*
　　　　３．非正規雇用という新たな間接差別の登場 *(108)*　４．非正規雇用の社会
　　　問題化 *(109)*　５．非正規雇用を選択する「理由」*(109)*

　　おわりに・・・ *111*

第７章　接客業とジェンダー・・・・・・・・・・・・・・・・・・・・・・・・・・・・・・・・・・・ *114*

　　第１節　雇用の調整弁にされやすい接客サービスという業務・・・・・・・・・ *114*

　　第２節　接客は女性の仕事？・・・・・・・・・・・・・・・・・・・・・・・・・・・・・・・・・・・ *116*

　　第３節　容姿という暗黙の採用基準とその落とし穴・・・・・・・・・・・・・・・・ *119*

　　第４節　女性限定の接客サービス業「ホステス」という仕事・・・・・・・・・ *123*

　　おわりに・・・ *128*

第８章　〈性〉の多様性とジェンダー・・・・・・・・・・・・・・・・・・・・・・・・・・ *131*

　　第１節　「ジェンダー／セクシュアリティ平等」の視点とは？・・・・・・・・・ *131*
　　　　１．広義/狭義のセクシュアリティ *(131)*　２．「ジェンダー／セクシュアリ
　　　ティ平等」の視点 *(133)*

　　第２節　〈性〉の多様性に着目して・・・・・・・・・・・・・・・・・・・・・・・・・・・・・・ *134*
　　　　１．セクシュアル・マイノリティとは？ *(134)*　２．セクシュアル・マイノ
　　　リティの語りを聞くということ *(136)*

　　第３節　〈性〉の多様性を受けとめる──違和感と向き合う・・・・・・・・・・・ *138*
　　　　１．きづく *(138)*　２．つむぎなおす *(141)*　３．ひろげる *(144)*

　　おわりに・・・ *146*

┌─ コ ラ ム ─────────────────────────

　1-1．フェミニズムとは *(12)*　2-1．男性学 *(18)*　2-2．女性専用車両 *(22)*　2-3．
　新聞の「家庭面」*(25)*　2-4．女性団体の抗議に対するメディアの反応 *(31)*　3-1．
　「男女共同参画社会基本法」*(41)*　4-1．「非嫡出子」と相続差別 *(59)*　4-2．女性だ
　けの義務「再婚禁止期間」*(59)*　4-3．三歳児神話 *(64)*　5-1．イエ制度の名残 *(84)*
　5-2．DVの事例 *(86)*　6-1．男女の賃金格差はわずかに縮小 *(103)*　6-2．女性の
　低賃金と介護の社会化相関関係 *(110)*　7-1．ガールズバーというグレーな業態 *(125)*
　7-2．総合職からホステスになった渡辺さんの語り *(127)*　8-1．セクシュアル・マ
　イノリティと社会運動 *(135)*　8-2．ホモセクシュアルとホモソーシャル *(140)*　8-
　3．カミングアウトとアウティング *(143)*　8-4．性教育バッシング *(145)*

└─────────────────────────────────

ジェンダーとわたし

〈違和感〉から社会を読み解く

Gender

■■01■■

I

ジェンダー概念とその背景

　「ジェンダー」という言葉を聞いたことがありますか？私はいくつかの大学で非常勤講師として『ジェンダー論』の授業を担当してきましたが、初回の授業で、いつもこの質問をしています。10年ぐらい前は「まったく知らない」という回答がほとんどでしたが、ここ数年は、「聞いたことはある」という回答のほうが少々多いくらいです。ただし、「その意味も知っている」という回答は数人です。さらに、その意味とは何かと聞くと、「男女差別に関すること」「女らしさ、男らしさがどうのこうのということ」といった答えが、たいていの場合迷いながら返ってきます。

　ジェンダー genderという言葉は、英和辞典を引くと「性」「性別」「性差」などと訳されています。しかし、ジェンダーという言葉が意味するもの、内包しているものは、これだけにとどまりません。もっと多くの概念を含んでいます。単に「ジェンダー」＝「性別」というわけではないのです。今のところ、ジェンダーという言葉が表すものをほぼ同じ意味で表現する日本語はありません。そして今、このジェンダーという言葉は、さまざまな分野で使用が広がっています。さて、単に「性別」にとどまらないという「ジェンダー」という言葉、では、いったい何を意味しているのでしょうか？そして、今なぜ、この言葉が広がっているのでしょうか？

■■ 第1節 ｜ 「ジェンダー」とは何か

　1．どうして性別が気になるのか

　日本でジェンダーという言葉が使われ始めたのは、1980年代だといわれています。しかし、それ以前にジェンダーが意味するものが存在していなかったかというと、そうではありません。ジェンダーは私たちの日常生活に深く関係し

ています。ジェンダーという言葉を聞いたことがない、まったく知らないという人であっても、毎日さまざまな形で関わっているものなのです。

　私たちは、「他人の性・性別」について、常に意識しています。たとえば、ある人物に関する事柄を耳にする時、ある人に初めて会う時、ほぼ最初に意識するのは、おそらくその人の「性別」ではないでしょうか。その著しい例が出産です。知り合いの人が出産した、有名なタレントさんが出産したとなると、多くの人が最初に「男の子？　女の子？」と聞きますよね。最近は医療の発達のおかげで出産前に性別がわかりますが、生まれるまであえて教えてもらわずに、お楽しみをとっておく妊婦さんもいるようです。性別をいつ知ることになるのかに違いはあっても、赤ちゃんの性別がとても重要なことがわかります。

　どうして多くの人は赤ちゃんの性別を知りたがるのでしょうか？　生まれたばかりの赤ちゃん自身は自分の性別を意識していないように思えますが、赤ちゃんを迎える側は違うようです。

　1970年代にアメリカで行われた、「ベビー X実験」という有名な心理学の実験についてご紹介しましょう。この実験には生後３ヵ月の赤ちゃんが登場しますが、実験の被験者は赤ちゃんではなく大人たちです。大人たちは三つのグループに分けられ、時間差で黄色い服を着た赤ちゃんのいる部屋に案内されます。最初のグループの大人たちは、その赤ちゃんは「女の子」であると告げられます。次のグループは、「男の子」であると言われ、最後のグループには性別を教えません。部屋にいた赤ちゃんは、実はすべて同じ赤ちゃんです（実際には女の子だったそうです）。しかし、大人たちの赤ちゃんに対する反応には違いがありました。「女の子」だといわれた第一のグループの大人たちは、赤ちゃんの表情を「女らしい」と褒め、人形を使ってあやそうとしました。「男の子」であると言われていた第二のグループの大人たちは、赤ちゃんの表情に「男の子」らしさを見出し、小さなフットボールで遊ばせようとしました。大人たちは、「女の子」だと言われれば「女の子」向けの対応をし、「男の子」だと言われれば「男の子」向けの対応をしたというわけです。それでは、赤ちゃんの性別について教えられていない最後のグループの大人たちは、赤ちゃんに対して

どのような対応をしたのでしょうか？　どうやってあやしたらよいのか迷う傾向があったそうです。さらには、赤ちゃんの反応からどうにかして性別を探り出そうとしたそうです。

　生後３ヵ月の赤ちゃんの表情を見ていても、性別はよくわかりません。おもちゃにしても、赤ちゃんが自ら「人形がほしい」「フットボールで遊びたい」と主張するわけでもありません。しかし、赤ちゃんを迎える側にとって、赤ちゃんの性別は重要です。なぜなら、一般的に、私たちは相手の性別によって対応を変えることを「当たり前」だと思っているからです。相手が男性であれば、こういった色が好き、こういった服装をする、こういった歩き方をする、こういった考え方をする……と決めてかかっています。相手が女性であっても同じです。私たちは相手の性別がわかると対応の仕方がわかりますので、心理的に楽になるのです。

　つまり、性別は単にオスかメスかという違いにとどまらず、社会的・文化的に作られたイメージや解釈、意味合いといったものがくっついているのです。これをジェンダーといいます。ジェンダーは社会的・文化的に構築された性・性別を指します。社会において、性にはさまざまなイメージがついて回ります。たとえば、男性は勇敢である、女性は素直であるといった**ジェンダー・イメージ**（社会的・文化的に構築された性別イメージ）は深く社会に浸透しています。また、ジェンダー・イメージは、相手を理解する時に役立つことが多くあります。相手が女性であれば花束を贈ると喜んでくれるだろうとか、相手が男性であればスポーツ観戦が好きであろうとか、相手の好みを推測しやすいのです。赤ちゃんの性別に戻って考えてみれば、性別によって、出産祝いの内容も変わってきます。デパートの赤ちゃん用品売り場に行くと、出産祝い用の商品がたくさんあります。そしてその多くが、青系統の色とピンク系統の色に分けられています。それぞれ男の子用と女の子用の色というわけです。赤ちゃん自身が自分の好きな色を申告するわけではありませんが、赤ちゃんを迎える世界では、すでに性別によって好みが決められているのです。さらには、性別によっておもちゃの種類も違います。「女の子が生まれた」と聞いて、自動車のおもちゃをプ

レゼントしようと思う人はあまりいないのではないでしょうか。「性別によって嗜好が違っている」とされているのは、なにも赤ちゃんだけではありません。母の日と父の日のプレゼントのラインナップも違いますよね。嗜好性のみならず、性別によって考え方や行動パターンが違うという「常識」は、人の一生にわたって関わり続けているといえましょう。

　一方で、ジェンダー・イメージは、時として勘違いや偏見を生み出します。相手が女性だと聞いて用意したプレゼントが、相手に気に入ってもらえるかどうかはわかりません。ピンクが嫌いな女性も、青が嫌いな男性もいるでしょう。さらには、花に興味のない女性、スポーツに関心がない男性もいることでしょう。しかし、ジェンダー・イメージに基づく「男はこう、女はこう」という思い込みは、私たちの心の中に非常に深く浸透しているのです。

2．ジェンダーによる思い込みの問題

　ジェンダーに関して私たちがどのような思い込みをしているのか、ちょっと試してみましょう。簡単なクイズをご紹介しますので、答えを考えてみてください。

クイズ

　ある日、お父さんと小学生の息子が2人で車に乗って高速道路を走っていると、突然交通事故に遭ってしまいました。お父さんは即死、息子は救急病院に運ばれました。幸いなことに、運ばれた病院には優秀な外科医がいました。しかし、男の子の手術をしようとしたその外科医は、子どもを見てショックを受け、青ざめた表情でこう言いました。「私には、冷静にこの子の手術をすることはできない。というのも、この子は私の実の息子だからです」。さて、この外科医と男の子の間にはどのような関係があるのでしょうか。

さあ、答えがわかりましたか？

第1章　ジェンダー概念とその背景　5

正解は「母と子」です。お父さんは事故で亡くなっていますので、「私の息子」だと主張するのはお母さんとなります。簡単なクイズです。

　しかし、答えがわからない人も結構います。その多くは、「外科医＝男性」という思い込みがあるため、女性である「母親」は最初から除外してしまっているのです。「『実の息子』だと言っているんだから、外科医は生き別れになった実の父親で、事故で亡くなったのは母親の再婚相手で育ての親？」などといった、少々複雑な親子関係をいろいろと考えてしまう人もいます。まあ、その可能性がないわけではないですが、単純に考えれば「母親」となります。

　このようなジェンダー・イメージによる思い込みは、**ジェンダー・ステレオタイプ**と呼ばれています。ステレオタイプとは、紋切り型、決まり切った型、典型例といった意味です。「男はこうである」「女はこうである」という性・性別に関する固定観念であるジェンダー・ステレオタイプは、私たちの日常生活のあらゆる側面に強く、広く、深く存在しています。上記のクイズにあるように、職業に関するジェンダー・ステレオタイプもいろいろとあります。「外科医」「政治家」「裁判官」といえば男性だという思い込み、「看護師」「保育士」「秘書」といえば女性だという思い込みを多くの人が共有しています。

　「でも、外科医も政治家も男性のほうがずっと多いのはイメージではなく、現実にそうではないか」という反論が聞こえてきます。たしかに、今の日本社会においては、その通りです。会社の社長も、校長先生も、大学の学長も、医師も、病院長も、男性がマジョリティです。しかし、女性がまったくいないわけではありません。

　ここで、ジェンダー・ステレオタイプが偏見に繋がる場合もあるという問題について考えておく必要があります。たとえば、「外科医＝男性」という思い込みが、「女性の外科医は未熟」「医師は男性が普通であり、女性医師は信用できない」という偏見や差別観に繋がってしまうことがあるのです。**ジェンダー・バイアス**（偏見）と呼ばれる問題です。逆に「保育士＝女性」という思い込みが、「男性に保育なんてできるの？」という偏見を生んでしまうこともあります。そういった偏見があると、外科医になりたい女性や保育士になりたい男

性は、進路を変更せざるを得ない状況になってしまうかもしれません。すると
さらに、職業における性別の偏りが加速してしまいます。外科医にしても保育
士にしても、数が男女半々になればジェンダー・バイアスは消えていくかもし
れませんが、そうなるにはまだまだ時間がかかりそうです。まずは、どうして
外科医は男性が多いのか、保育士は女性が多いのか、その理由を探っていく必
要があります。

第2節 社会的性別と生物学的性別とは

「社会的に構築された性別？　男か女かなんて、生まれた時に決まっている
じゃないか？」と思った人がいるかもしれません。性別は生物学的に決められ
ています。そういった意味での性・性別を表す言葉として、**セックス** sexとい
う言葉があります。こちらの言葉のほうがかつては一般的でした。さて、では
ジェンダーとセックスは何が違うのでしょうか？

セックスとは生物学的性別または解剖学的性別を指します。いわゆる「オ
ス・メス」の区別です。身体的に区別がつく性別であり、生まれる前から決ま
っている先天的な性別でもあります。

それに対してジェンダーは、人が生まれてから成長していく過程、つまり所
属する社会の一員となるべく**社会化**される過程において後天的に付与されてい
く性別です。さらに、前述したように、ジェンダーの概念には、単なる「性
別」以上のものが含まれています。たとえば、「女はこうあるべし」「男はこう
あるべし」といった考え方（**性規範**）、女性の役割や男性の役割（**性役割**）など
も含んでいます。女性や男性にふさわしいと社会からみなされるような性格、
行動、態度、ものの言い方、考え方などをもとに女性と男性を区別するあらゆ
るものがジェンダーです。

セックスとジェンダーは「一心同体」、分かち難い関係にあると思われてき
ました。いえ、今でもそう思っている人のほうがずっと多いでしょう。女性と
して生まれてきた人が女らしいのは当たり前。つまり、「生物学的に女＝女性

にふさわしいと社会的に規定された行動をとる」のはまったく自然なことであると考えられているのです。また、ジェンダーの根拠にセックスをもってくることも「常識」とされています。ある人が「女らしい行動をとる」のは、「生物学的に女性だからである」というわけです。

　ところが、世の中には「生物学的に女性」であっても「女らしくない」人もいます。たとえば、「生物学的に女性」なのに「部屋が汚い」（きちんと整理整頓できるのが「女らしさ」）、「生物学的に男性」なのに「怖がり」（常に勇気があるのが「男らしさ」）といった人たちもいます。そして、たいていの場合、この「セックス≠ジェンダー」は否定的にとられてしまいます。ちなみに、こういった文脈では、「○○のくせに」という言い方がよくされます。「女のくせに部屋が汚い」「男のくせに怖がってばかり」と批判的に言われてしまいます。

　しかし、そもそも「セックス＝ジェンダー」は絶対的なのでしょうか？　そのような疑問が、20世紀中頃から欧米を中心に広がり始めました。「女の子は部屋をきれいに片付けるはず」というのは、ジェンダー・ステレオタイプに過ぎないのではないか、という疑問です。

　ちょっと考えてみてください。そもそも、どういった性格や行動が女性もしくは男性にふさわしいとされるかについては、歴史的にも文化的にも変化するのです。地理的にも時間的にも社会が変われば、期待される女らしさや男らしさは変わります。

　さらに、同性間の多様性にも着目する必要があります。生物学的に同じ女性であっても、同じ男性であっても、性格や行動、考え方はいろいろです。「女ならこう、男ならこう」に当てはまる人もいれば、そうでない人もいます。当てはまる人が「正しい」、当てはまらない人が「正しくない」ということではありません。「女らしい人」「男らしい人」がダメということでも、「女らしくない人」「男らしくない人」がダメということでもありません。

　以上のように見てくると、人間の性・性別のあり方とは、単に「男と女」という二元的な概念（**性別二元論**）より、もっと多様性があるのではないかということに気付きます。現代社会では、「ジェンダーの視点／ジェンダーを意識し

た視点」という表現がよくなされるようになりました。「ジェンダーの視点／ジェンダーを意識した視点」とは、性や性別に関する先入観や固定観念、「常識」からちょっと距離をとって再検討し、その上で改めて社会を、物事を、他人を、そして自分自身を見てみよう、ということなのです。

■ 第3節 │ ジェンダー概念が生まれてきた背景 ■

　ジェンダーという概念が生まれてきた背景には、世界のあらゆる社会において性差別が存在してきたという長い歴史があります。「男女差別」「男尊女卑」といった言葉を聞いたことはないでしょうか？　「昔はあったかもしれないけど、今は男も女も平等だし、むしろ逆に『女尊男卑』なこともあるんじゃない？」なんていう意見もちらほら聞きますが、果たして本当に「男尊女卑」は過去の問題なのでしょうか？

　そもそも、**男女平等**とは何でしょうか？　「女性は男性のように重たいものを持てないから男女平等は無理」「男と女は身体のつくりが違うから、男女平等にする必要はない」といった言い方を耳にすることがあります。しかし、「平等」というのは「同じ重さの物を持つ」ことなのでしょうか？　身体のつくりが違うと平等な存在にはならないのでしょうか？　どうも、「平等だったら、一から十まで同じことができるべし」という考え方がありそうですが、「平等」とはそういうことではありません。

　平等とは、性のあり方であれ、人種であれ、民族であれ、「等しく尊厳をもって対応すること／されること」「その人の存在・行動・発言が、他の人と同じように尊重されること」です。具体例を挙げましょう。たとえば、「誰でも同じ仕事をしたら同じ報酬が与えられる」、「誰でも同じように政治や社会の意思決定の場に参加できる」ことが社会で保障されている場合、それは平等であると言えるでしょう。

　「え、そんなの当たり前じゃないか？」と思う人もいるかもしれません。しかし、世界には、まだまだそうでないことがいくらでもあります。まず、ほと

■ ■ ■ 第1章　ジェンダー概念とその背景　*9*

んどの国では、女性の賃金は男性より低く出世も遅いのが、むしろ「常識」です。日本でも、女性一般労働者の平均賃金は、男性一般労働者の平均賃金の7割に過ぎません。同じ仕事をしても男女で給与に差があることもありますし、そもそも同じ仕事に就かせてもらえないことも多いのです。「女性は男性ほど長時間働かないし、すぐに辞めちゃうから仕方ないんじゃない？」という反論も聞こえてきます。しかし、男女不平等や格差の問題を個人の問題に矮小化してしまうと、本質が見えなくなってしまいます。背景には、「労働の対価としてきちんとした報酬を受け取る対象は、真っ先に男性であるべし」というジェンダー・バイアスがあり、長い時間をかけてそれに沿った雇用や社会全体の枠組みができ上がってしまっているという巨大な問題に目を向けなくてはなりません。「男性は長時間働く」「女性はすぐに辞めちゃう」という現象の背景にいったい何があるのでしょうか？　働くこととジェンダーに関しては、第6章でしっかり考えましょう。

　次に、女性は男性に比べて意思決定の場にいることが少ないという不平等の問題があります。たとえば、国会を見てください。国会議員は国民の代表です。国民には男女が半々いますが、その代表となると9割が男性になってしまうというのは明らかに問題です。国会だけではありません。皆さんが住んでいるところの都道府県議会や市町村議会はどうなっていますか？　女性が1人もいない議会さえあります。議会だけでなく、国の審議会、会社の取締役会、支店長会議など、いわゆる「偉い人の集まり」、物事を決定する場には、女性が圧倒的に少ないのです。国は2003年に「社会のあらゆる分野において、2020年までに、指導的地位に女性が占める割合が少なくとも30%程度になるようにする」という目標を立てましたが、「男性中心社会」の壁はとてつもなく分厚く、2020年までに目標が達成される見通しは明るくありません。そもそも、多くの人には、「指導的地位にいるのは男性である」というジェンダー・ステレオタイプが染み付いていますので、女性の不参加が問題であるという認識すら、なかなか共有されません。

　世界には、裁判において男性と女性の証言が同じ重さをもたない社会もあり

ます。女性は男性の付き添いがないと外出もしづらいという社会もあります。歴史的に見て、世界の多くの国や社会では、男性であることを基本とし（さらにその「男性」とは、階級・身分が高かったり、支配的地位にいる人種・民族であったり、異性愛者であったりといった条件が付きます）、男性の視点から、政治・経済・軍事・教育などに関することが決定されてきました。一方、女性は今までの歴史の中で、「劣っている」「か弱い」「保護される立場」「男性に従属する存在」とみなされ続けてきました。男性と違って政治的な権利を認められず、経済的に弱く、法的に劣った存在という扱いが一般的であり、これは「性差に基づく区別であるから仕方がない」とされてきたのです。

このように劣位に置かれていた女性を抑圧から解放しようと生まれたのが**フェミニズム**という思想及び運動です。やがてフェミニズムは学問の場にも進出し、男性中心で作り上げられてきたアカデミックな世界に新たな視点が導入され、1960年代に**女性学**という学問が誕生しました。男女の不平等は生物学的な性差がもたらす「自然現象」ではなく、「男性は○○、女性は○○であるはず／であるべし」というジェンダーの固定観念がもたらす問題だと認識されるようになり、それまで無視されていた女性の視点から社会を読み解こうとする試みが始まったのです。女性学が性別や性差に関する思い込みや「常識」への問い直しを進める中で、さらには、男性の「優越性」を基本とした社会のあり方は、男性の視点から見ても実は多くの問題があるのではないかという疑問が浮上してきました。そこで、1980年代から、今度は**男性学**（第2章参照）という学問が誕生、発展してきました。

ジェンダー問題を考えるということは、「男vs.女の戦い」を進めるということではありません。男性であっても女性であっても、また「男性／女性」という枠組みを超越した存在であっても、差別されることなくその存在が尊重される社会を実現することが、ジェンダー学を学ぶ究極的な目標です。ですから、「男女平等」ではすでに不十分です。固定的な「男性性」「女性性」だけではなく、多様な性のあり方を尊重しようという考え方が近年非常に注目されるようになってきた背景には、性差別の是正を目指してきた人々が作り上げてきた長

第1章　ジェンダー概念とその背景　*11*

い歴史があるのです。

【コラム1－1　フェミニズムとは】

　フェミニズムとは一般的に「女性解放運動」と訳されています。女性を抑圧・偏見・差別から解放する思想とその運動であり、フェミニズムを実践する人をフェミニストといいます。

　19世紀の欧米における近代社会の成立とともに、従属的地位にいた女性を解放するフェミニズム思想が生まれ、法的な男女同権や婦人参政権の獲得、公娼制廃止などを目指しました（第一波フェミニズム）。その後、20世紀半ばになり、学生運動や人種差別撤廃運動などの社会運動の盛り上がりの中で、女性解放を求める動きが再び広がりました（第二波フェミニズム）。雇用や教育の男女格差、性別役割分業、性差別的な社会制度や法制度などを「問題」として捉え、その解決を目指す活動があらゆる領域で始まり、さまざまな社会変革を実現してきました。その挑戦は、21世紀に入ってからも続いています。

■ 第4節 ｜ 生物学的性別の多様性

　多くの人々は、「性別は男性と女性の二つであり、自分がどちらに属しているかということは明白であり、それに対して疑問をもつことはない。また、男性の恋愛対象は女性、女性の恋愛対象は男性である」ということを自明視しています。あまりにも「当たり前」過ぎて、改めて考えることもないと思っているのです。さらに、「男性は男らしい考え方をして、男らしい行動をとり、女性は女らしい考え方をして、女らしい行動をとる」という、いわゆる性別二元論も当たり前だとなんとなく思っている人が大多数かもしれません。しかし、実際には、人間の性のあり方にはさまざまな可能性・多様性・複雑性があります。

　生物学的性別であるセックスに関しても、「男性」「女性」ときっちりと普遍的に二つに分けられるかと問われると、実はそうでもないのです。

　皆さんは母子手帳を知っていますか？　母子手帳（母子健康手帳）は、妊娠し

た女性が市役所や区役所の窓口に妊娠届出書を提出するともらうことができ、胎児の様子や妊婦の検診記録、出産後の赤ちゃんの発育の様子などを記録しておくものです。また、母子手帳には、出産時の赤ちゃんの性別を記入する欄があります。具体的には、「男・女・不明」という選択肢が与えられています。

「不明」とは、多くはいわゆる**インターセックス**と呼ばれる赤ちゃんを指します。医学的には「性発達障害」「性分化疾患」などと呼ばれています。出産後、すぐには性別の判定が難しい赤ん坊がいるのです。染色体や生殖腺、性ホルモンなどに関わる発達が、先天的に定型的ではない状態であるということです。性器の形状が一般的ではないというように、性的な発達の仕方がマジョリティとは違うのです。こういった状態で生まれてくる赤ん坊は、約２千人もしくは３千人に１人と言われています。その後、成長する中でも、性的な発達の仕方に多様性があります。つまり、生物学的な性別に関して、人間の身体の発達は単に女と男にきっぱり分けられるものではないのです。

このように、一般的な身体の定義からは性別を決めることが難しい人たちも誕生しているのが、自然な状態なのです。しかしながら、人間が作った社会は違います。赤ちゃんが生まれてくるのは自然なことですが、社会の成員になるためには社会的な手続きが必要とされています。日本では、赤ちゃんを戸籍に登録するためには、原則的には出産から14日以内（国外で出生の場合は３ヵ月以内）に出生届を出さなくてはなりません。戸籍の性別欄は「男・女」しか選択肢はありませんから、14日以内に性別を決定しなければならないということになります。自然な状態では性の身体的発達は多様なのに、社会生活上は生後すぐに男か女のどちらかに、すべての人が振り分けられるように強いています。性別が何種類あるのかというのは、生物学的な事実に基づいてというよりも、文化や社会によって規定されているということです。

さらにセクシュアル・オリエンテーションやジェンダー・アイデンティティの多様性もありますが、これらについては第８章で詳しく触れられていますので、しっかり読んでください。

第1章　ジェンダー概念とその背景　13

第5節 │ このテキストの構成

　ジェンダーって何なのか、どんな問題があるのか、なんとなくわかってきましたか？　この章で学んだことをもとに、ジェンダーの視点で改めて私たちの身の周りを見てみると、社会生活のあらゆる側面・分野・領域において、性別二元論、そして異性愛中心主義がその根底に横たわっていることに気付くのではないでしょうか。どんな分野・領域にどんな問題・課題があるのか、どのような捉え方があるのか、どのように解決策を模索したらよいのか、以降の章で考えていきましょう。

　第2章「ジェンダー・イメージとメディア」では、「男と女の違い」というイメージはどこから来たのかを考え、また、そういったジェンダー・イメージの発生及び増幅装置の一つであるメディアにおける問題について取り上げます。第3章「学校教育とジェンダー」では、男女平等が実践されている場と思われてきた学校教育の中に潜む、ジェンダーの課題について考えていきます。第4章「『家族』とジェンダー」では、家族や少子化問題にまつわるジェンダーの問題を、婚姻制度を中心に考えていきます。第5章「DVとジェンダー」では、女性に対する暴力、特にドメスティック・バイオレンスに焦点を当てて、なぜ起こるのか、なぜなくならないのかを考えます。第6章「働くこととジェンダー」では、男女の経済格差や雇用、労働における性差別の問題を、ジェンダーの視点で分析していきます。第7章「接客業とジェンダー」では、女性が多く活躍している接客業を取り上げ、いわゆる「女性の世界」に潜むジェンダーの課題を浮き彫りにしていきます。第8章「〈　性　〉の多様性とジェンダー」では、セクシュアル・マイノリティの人々が不可視化されてきた、私たちが暮らす社会を、ジェンダーの視点で捉え直していきます。

　性差別や性・性別に関する固定観念、ジェンダー・バイアス、多様なセクシュアリティへの誤解や偏見などがない社会の実現には、正しい知識と寛容な心、そしてそれらに基づく実践が必要です。「ヘンケンやサベツなんて、そのうち

時間がたてば自然になくなるんじゃないの？」と思った人がいるかもしれません。が、残念ながらそうではないのです。たしかに昔に比べれば、今の社会は差別や偏見が減ってきたかもしれません。でも、それは単に時間が経ったからではなく、そういったものをなくそうと努力してきた人々の実践の積み重ねによるものなのです。

(笹川　あゆみ)

【お薦めブックガイド】

■　加藤秀一ほか 2005『図解雑学　ジェンダー』ナツメ社：イラストも多く、とてもわかりやすいジェンダー学の入門書です。学術書はハードルが高いと苦手意識が強い人にも、ジェンダーの課題を幅広く、かつ自分のこととして理解したい人にも、おススメです。

■　ベル・フックス（堀田碧 訳）2003『フェミニズムはみんなのもの　情熱の政治学』新水社：フェミニズムは「女性の権利を過剰に求めて騒いでいる男嫌いのオバサンのもの」ではありません。そんな誤解や偏見からフェミニズムを解放する一冊です。フェミニズムは「性差別をなくしたいみんなのもの」なのです。

Gender

■■02■■

I

ジェンダー・イメージとメディア

　皆さんは、「男と女は身体のつくりが違うんだから、考え方が違って当然でしょ？」って思っていませんか？　では、一般的に会社のお偉いさんが男性、銀行の窓口にいるのが女性なのは、身体のつくりが違うからなのでしょうか？
男性と女性はあらゆる面で違うというジェンダー・イメージは、私たちの社会の隅々に色濃く染み付いています。それは私たちが直接関わる身近な世界だけではなく、日々さまざまな情報が流されているメディアの世界で描かれる女性像と男性像にも多くの違いがあります。でも、女と男って、どうしてそんなに違うのでしょうか？

■■ 第1節 ｜ 性別によって期待される異なる態度 ■

1.「男は論理的、女は感情的」？

　「女であること」「男であること」は、私たちの毎日の生活の営みに大きな影響を与えています。その前提となっているのは「男と女はまったく違う生き物である」という「常識」です。ジェンダー論では、その「常識」を疑います。たしかに「男と女は違う」こともいろいろとあります。生理学的特徴やかかりやすい病気、社会における役割、趣味嗜好など、性別によって違うことも多々あります。しかし、前章で見た通り、その多くは絶対的なものではなさそうです。また、必ずしも同性だから同じというわけでもありませんし、性別を単に「男」と「女」という二つのカテゴリーだけで分ける限界もあります。

　しかしながら、一般的に、「男と女はまったく違う生き物である」という思い込みは、強く共有されています。どうしてなのでしょうか？

　人間は性別によって思考や行動のパターン、感情表現の仕方などが根本的に

16

違うということになっているのです。たとえば、男性からのこんな「お悩み相談」を聞いたことはありませんか？

> 男性「カノジョが仕事の悩み事で相談があると言うので、話を聞いてあげた。話を聞くと、彼女の態度に問題があることがわかったので、『○○を直したほうがいいよ』とアドバイスした。適切な解決策を考えてあげたと思ったのに、カノジョは激怒して帰ってしまった。僕はどうすればよかったのでしょうか？」

この男性に対して、以下のような回答が与えられることがよくあります。

> お悩み相談回答者「カノジョが怒ったのも無理ありません。男性である貴方は、相談する人は解決策を求めているのだろうと考えているのでしょうが、女性は違うのです。女性は解決策や専門的なアドバイスなど求めていません。ただ、自分の気持ちに寄り添ってもらいたいのです。女性は論理的ではなく、感情的な生き物なのです」

この事例は、1990年代にアメリカでベストセラーとなった"Men are from Mars, Women are from Venus"（邦題『ベスト・パートナーになるために──男は火星から、女は金星からやってきた』）という本で紹介されている、「男女の違い」の一つをもとにしています。この本のタイトルは、男女はそれぞれ違う星からやってきたと言っていいいぐらい考え方が違うという意味です。ですから、その違いを理解することこそ、異性とのコミュニケーションがうまくいく秘訣であると説いているのでしょう。「たしかに！」と納得してしまう人も多いかもしれませんね。

性別によって考え方が違うというのは、たしかによくあることかもしれません。しかし、それは先天的なものなのでしょうか？　生まれながらにして「男は論理的、女は感情的」な生き物なのでしょうか？

第2章　ジェンダー・イメージとメディア　17

逆に考えてみましょう。そもそも、男女は違う考え方をすることを期待されているのではないでしょうか。男性と女性が同じことを言ったり、行ったりした時、同じ評価を得られないことが多くあります。たとえば、人前で泣いてしまった時、女性だったら「女性は感情的な生き物だからしょうがない」と周りの人は受け入れてくれるかもしれませんが、男性だったら「男のくせしてみっともない」と怒られてしまうかもしれません。会社の会議で理論整然とした主張をしたのが男性だったら、「やっぱり男性は論理的に物事を考えられて素晴らしい」と高い評価を得られるのに対し、女性だったら「女のくせして理屈っぽくって嫌な感じ」となってしまうこともあります。

　性別によって行動への評価が分かれるのは、**ダブルスタンダード**の一種といえます。「二重基準」ということです。人前で泣くことが許容される女性は、許容されない男性に比べて泣くことに対して抵抗感が少ないので、気軽に泣くことができるのかもしれません。「女は泣けば済むんだから、楽でいいよな」という男性の声が聞こえてきます。「男だって泣きたいんだけど、泣くわけにはいかないから泣かないのだ」ということであれば、男性も十分に「感情的な生き物」です。しかし、社会的に許されないので、気軽に泣くことはできません。「男は感情を表さない」といった「男らしさ」に固執することを、**男性学**の先駆者である伊藤公雄（1996）は**〈男らしさ〉の鎧**をまとっている息苦しい状態であるとして、男性が人間らしく生きるためには鎧からの解放が必要であると呼びかけています。

【コラム２−１　男性学】

　1960年代に女性の解放を目指す**女性学**が誕生しました。当時の社会では、女性は法律や社会的慣行、就学、就業などにおいて男性より劣った存在として扱われることも多く、その是正を目指したのです。その後80年代になり、「男らしさ」に縛られた男性の生き方を問い直す男性学という学問が誕生しました。どちらの学問も、それぞれが自己を否定されることなく、豊かな人生を送ることを目的とするものです。

　伊藤は「男らしさ」の志向性を三つにまとめています。①優越志向（競争において勝利したい、他者に優越していたいという心理的傾向）、②所有志向（できるだけたくさん

のモノを所有し、自分のコントロール下に置きたいという心理的傾向）、③権力志向（自分の意思を他者に押し付けたいという心理的指向）です（伊藤 1996:104）。そして、こういった心理的傾向に基づく競争に負けた時、男性は「一人前の男ではない」という烙印を押されてしまうので、「男のメンツ」を保つために「男らしさの鎧」をまとわざるを得ないとしています。

２．女と男はどちらが得か？

　性に関するダブルスタンダードについて、もっと掘り下げて考えてみましょう。女性と男性はそれぞれどのような存在、どのような行動をとる存在だと思われているのでしょうか？　具体的にどのように違うことを期待されているのでしょうか？　その手掛かりとして、「女性であることの損得」「男性であることの損得」を考えてみましょう。

　私が以前担当した「ジェンダー論」のクラスの学生さんたちに、「女性／男性であることの得／損は何か」を聞いたところ、以下のような意見が出てきました（表2−1）。

　「女性であることの得」を見ていくと、「女性は男性より大事にされる」と思われている傾向があることがわかります。女性は身体的・心理的に「か弱い」故に守られるべき存在あり、かつ、食事はおごってもらい、レディースデイで安く映画を見られたりと、経済的にも得をします。ある意味、「か弱さ」を「女の得」に転換するのが女性たちの「戦略」だと言えるのかもしれません。しかし、一方で、女性は「保護される存在」であり、一人前扱いされていないのではないかという側面も見えてきます。

　「女性であることの損」を見ていくと、女性は社会的・経済的・体力的に不利であると思われていることがわかります。また、女性は危険な目にあうかもしれないということで、行動範囲や外出時間の制約も要求されがちです。さらに、家事や育児をきちんとこなす能力を当然のように期待されていると感じているようです。

表2－1　女性であることの得・損／男性であることの得・損

女性であることの得	女性であることの損	男性であることの得	男性であることの損
レディースデイ、レディーファーストなど、女性が優先されることが多い。	職場で出世しにくい。出産後に職場復帰しにくい。管理職になりにくい。	給料が高い。出世しやすい。	働いて家族を養わなければいけない。自分の都合で仕事を辞められない。
重いものは男性が持ってくれる。「女の子は無理しなくてよい」と言われる。	女だと相手になめられやすい。	帰りが遅くなっても親に怒られない。	仕事関係の接待や飲み会などの付き合いが大変。
おごってもらえる。男性がデート代などを払ってくれる。	力が弱い。性犯罪の被害にあいやすい。	体力がある。力が強い。	チカンに間違えられる可能性がある。
結婚後、仕事をするか専業主婦になるかの選択肢がある。	家事育児ができると思われる。家事育児の負担が大きい。	お化粧しなくてもよい。身だしなみにかけるお金が少なくて済む。	育児休業をとりにくい。

　「男性であることの得」は、上記の「女性であることの損」の裏返しのようです。社会的・経済的・体力的に有利で、行動範囲や外出時間も自由だと思われています。また、「身だしなみを気にしなくてもよい」「化粧をしなくてもよい」といった意見もありますが、これらはすべて、女性には「きちんとしてほしい」と期待されている行動です。

　「男性であることの損」も、「女性であることの得」の逆パターンが見えてきます。「仕事を続けるか結婚退職するか選べる」女性に対し、男性は仕事を辞めたくても辞められない。「仕事上のお酒の付き合いがつらい」のは、女性のように簡単に退職できない、出世を考えなければいけないという事情を反映しているのでしょう。男性は家庭的な責任を問われない一方、経済的な責任を放棄できず、さらには犯罪者扱いされるリスクまであると考えられているようです。

　このように男女の損得（と思われているもの）を見ていくと、男女はそれぞれ

違う役割・態度などを期待されていることが多いとわかります。男性と女性に異なった役割を期待する考え方は、**性別役割分業観**に基づいています。男性、女性それぞれに「期待される行動様式」であり、社会的・文化的に作られたものです。よく「男は仕事、女は家庭」という性別役割が言われますが、これは、単に「男は仕事をする担当」「女は家事をする担当」ということだけを意味しているのではありません。それぞれの役割にふさわしい特性をもっていることも期待されています。たとえば、「男が仕事をして稼ぐ」ためには、身体的にも精神的にも強く、自分の行動に責任をもち、自ら判断し、出世を目指して頑張らなくてはなりません。自分の判断で「勝手に」仕事を辞めてしまうなんてもってのほかです。また、「女が家を守る」ためには、必要以上に家の外に出ることはなく、外で働く夫をねぎらうためにはあまり自己主張はせず、自分より夫や子どもを優先する優しく控えめな心をもたなければなりません。このように性別によって得意なことが違うという考え方を**性別特性論**といいます。

しかし、社会には「えっ、オレは男だけど出世なんて興味ないよ。仕事なんて嫌になったら辞めちゃうよ」、「私は女だけど、料理も掃除も大っ嫌い。家にいるより、遠くへ一人旅に出るほうが好き」なんて人たちもいます。いくらでもいます。

そういった社会が期待する「男性像」「女性像」と自分像がかけ離れている人は、人生の節目節目で不便さを感じることがあります。なぜなら、社会を作り上げているもの、たとえば法律・制度・習慣・通念といったものの多くは、ジェンダーの規範を秩序立てた性別役割分業観をもとにして作り上げられているからです。たとえば、子どもを産むのが女性だからといって、すべての女性が育児に関心があるわけではありませんし、すべての男性が育児に興味がないわけでもありません。しかし、「子どもを産むのは女性だから、産まない男性よりも子どもを育てるのも得意なはずだし、子育てへの関心も高いはず」というジェンダー・ステレオタイプが根強くあり、その上に男女それぞれの役割や進むであろうライフコースが規定されてしまっているのです。したがって、そこには個人個人の多様な性のあり方や生き方が実践しにくくなってしまうとい

う問題があります。

【コラム2－2　女性専用車両】

　女性が得をしていることの一つとして、どのクラスでも必ず複数の学生が挙げるのが「女性専用車両」です。「女性専用」という言葉が、特別待遇のようなイメージをもたらすのでしょうか。しかし、女性専用車両が導入された理由は痴漢犯罪がなくならないからであり、その被害者の多くは女性です。「女性専用車両」は、性犯罪が根絶しない社会の産物なのです。そう考えると、女性専用車両があるから「女性は得」とはいえません。ちなみに、女性専用車両は、法的に男性の乗車を拒否しているということではありません。関東の鉄道会社は「障害を有する男性の乗車及び介護者が男性の場合の乗車も可」としており、男子児童の乗車も可です。関西の鉄道会社の中にも、同様の対応を行っている事業者があります。しかし、原則として男性を排除していることには変わりはなく、男性客に「痴漢の可能性」を想定しているとして、男性からの不快感の訴えもあります。「女性専用車両」は女性にとっても男性にとっても「得」とはいえません。

■■ 第2節 ｜ メディアの中のジェンダー問題

　社会の中で一般的に男性・女性がどう見られているのか、どういった考え方や行動を期待されているのか、どうすれば男として、あるいは女として「得」なのか「損」なのか、私たちはそういった情報をどのように取り入れているのでしょうか？　人は誕生から成長する過程において、自分が所属する社会の一員となるべく、その社会の「常識」を身に付けていきます。このプロセスを**社会化**といいます。赤ちゃんの時は親や身近な家族、保育士さん、さらに成長すると近所の人、親戚の人、幼稚園や学校の先生などからさまざまな情報を得て、自分が所属する社会の価値観を共有していきます。

　フランスの哲学者シモーヌ・ド・ボーヴォワールのとても有名な言葉に、「人は女に生まれるのではない、女になるのだ」があります。女性は生物学的に女性として生まれたから社会的に期待される「女らしさ」を身に付けるわけ

ではありません。生まれ育った社会のジェンダー秩序を社会化の過程で学習することにより、社会が期待する「女性」となっていくのです。

社会が期待する「女らしさ」や「男らしさ」とは、具体的にどういうことなのでしょうか。その答えを与えてくれるのは、身近な人だけではありません。実際に会ったこともないような人々が大きな役割を果たすこともあります。特に、私たちが毎日接しているメディアは、性別に関する**ロールモデル**を繰り返し提示しています。テレビや映画、小説、漫画、アニメ、新聞、雑誌、インターネットなどのメディアでは、毎日膨大な量の情報が流れています。その中で、女性はどのように描かれているのでしょうか？　男性はどのような役割を担っているのでしょうか？　男女の関係は、家族のあり方は、セクシュアル・マイノリティはどう描かれているのでしょうか？　メディア表現におけるジェンダーのさまざまな問題について、以下で見ていきましょう。

1．メディアの担い手は大半が男性

私たちが日頃接しているメディアの情報とは、どのような人々が作り上げて発信しているのでしょうか。性別という点から見ると、メディア業界で働いている人たちは、男性が圧倒的に多いのです。

まずは報道機関を見てみましょう。NHKのウェブサイトに載っている「女性に関するデータ」によりますと、女性職員の比率は16.2％（2016年度）であり、2016年4月入社の定期採用では女性が33％を占めています。しかし、管理職に占める割合は6.1％（2015年度）に過ぎません。（http://www.nhk.or.jp/saiyo/career/woman/　2106.12.6閲覧）。

日本民間放送連盟に加盟している事業所の女性比率（2013年度）は、全従業員が25.1％、課長級以上の役付従業員が12.3％です。また、職種によっての違いが大きく、アナウンサー職は女性比率48.8％とほぼ男女半々ですが、技術職はたったの4.6％です（http://www.gender.go.jp/public/kyodosankaku/2013/201403/201403_04.html　2016.12.6閲覧）。

新聞はどうでしょうか？　日本新聞協会の調査データによりますと、新聞・

第2章　ジェンダー・イメージとメディア　23

通信社の記者の女性割合は18.4％（2016年度）です（http://www.pressnet.or.jp/data/employment/employment03.php　2016.12.6閲覧）。個別の会社を見てみましょう。内閣府のウェブサイト「女性の活躍推進企業データベース」に、企業の女性登用の状況が載っています（ただし、情報公開をしている企業に限られます）。何社か紹介しましょう。「労働者に占める女性労働者（正社員）の割合」は、朝日新聞社17.6％、共同通信社16.6％、日本経済新聞14.4％、読売新聞大阪本社19.6％となっています。また、「管理職に占める女性労働者の割合」は、朝日新聞社8.6％、共同通信社6.4％、日本経済新聞10.0％、読売新聞大阪本社9.3％と、1割に満たない会社がほとんどです（http://www.positive-ryouritsu.jp/positivedb/2016.12.6閲覧）。

　メディアにおけるジェンダー問題を調査研究している小玉美意子は、「メディア・コンテンツの制作に直結する報道や制作での男性比率の高さが、メディア内容に影響を与えている。また、各部門の管理職はさらに男性比率が高いため、意思決定の部分における男性優位がいちぢるしい」（小玉　2012：162）と指摘しています。マスメディアの世界は、その多くが男性視点で描かれていることを意識する必要があります。

　メディアにおけるジェンダーの問題はさまざまな形で存在していると指摘されてきました。具体的にどのような問題があるのか、くわしく見ていきましょう。

2．新聞における男女の「住み分け」
　新聞は社会面・国際面・スポーツ面・経済面・地域面といったさまざまなページに分かれています。従来、数少ない女性記者は全ページに数人ずつ配置されていたというより、家庭面や生活面に集中して配属されていました。家庭面はもともと婦人面と呼ばれ、読者も女性を想定していました。そもそも新聞は男性を対象にしたメディアとしてスタートしています。かつては、「新聞を読む女性は生意気」とよく言われました。しかし、中ほどのページにある家庭面だけは、女性向けに家事や育児、趣味に関する記事を載せていたのです。ここ

で重要なのは、男性を対象とした政治面や経済面と女性を対象とした家庭面は、同じような価値を与えられていたわけではないということです。男性を対象にして書かれた記事のほうが、遥かに重要だという扱いを受けていました。新聞の家庭面は、女性の記者にとっても女性の読者にとっても、ほぼ唯一女性の視点で問題意識が共有された場だったのです。

これは裏を返せば、家庭面以外の紙面はほとんど男性記者が担当して、男性視点で書かれていたということになりますが、「ジェンダーの視点」という概念がなかった頃は、まったく問題とはなりませんでした。男性の視点は普遍的な視点であり、男性には社会を広く見渡して理解し、公平に物事を考える能力が備わっていると考えられていたのです。それに対して、女性の視点は限定的な視点であり、家の中のことしか知らない狭い視野の女性は偏った見方しかできないというジェンダー・バイアスが「常識」だったので、男性が女性も含めた人間全体の代表となることに、抵抗感をもつ人は多くありませんでした。

今では女性記者が家庭面以外のページを担当することが、珍しくなくなりました。しかし上記のデータにあるように、女性記者の割合はいまだに2割にも達していません。

【コラム2－3　新聞の「家庭面」】

家庭面には、伝統的に料理のレシピや健康情報、園芸、子育て、レジャー、ファッションなどに関する記事が掲載されていましたが、さらに女性に特化した「読者投稿欄」が設けられていたことも特徴の一つです。朝日新聞の「ひととき」、毎日新聞の「女の気持ち」、読売新聞の「ぷらざ」などが、よく知られています。各新聞には、その他に読者投稿に特化したページがありますが、もともとは主に男性読者からの政治や経済などに関する意見の投稿が期待されていました。一方、家庭面の女性投稿欄には、女性たちが日々の生活の中で感じたこと、不満に思ったこと、嬉しかったこと、悲しかったことが綴られています。「天下国家の事に女は口をはさむべきではない」という風潮が強かった時代には、女たちの声は「とるに足らぬこと」としてあまり相手にされなかったのです。しかし、公に発言する場が少なかった女性たちの声の積み重ねは、今では貴重な歴史的資料となっています。現在の「女性投稿欄」は男性からの投稿も受け付けるようになりました。朝日新聞は「男のひと

とき」となることもありますし、毎日新聞には「男の気持ち」が載ることもあります。

3．女性アナウンサーは若さが大事？

　テレビ番組でも男性と女性は担当が違うことがよくあります。たとえば、ニュース番組のアナウンサーやキャスターは、もともと男性が担当していました。本格的に女性が登場したのは1980年前後です。女性キャスターが誕生した当初は、視聴者からの批判が多くあったそうです。「女性の声でニュースを聞くとわかりにくい」「女性がニュースを読むと真実味が感じられない」云々……。今では信じられないような話ですが、慣れないことに反発する人はいつの時代にもいるものです。今でも、スポーツ中継の実況アナウンサーとして、女性はほとんど登場しません。例外として、2006年にNHK BSハイビジョンのプロ野球中継に女性アナウンサーが起用されたことがありましたが、視聴者から「緊迫感が伝わってこない」「関係ない話が多い」などの批判意見が多く来たそうです。残念なことに、女性アナウンサーの起用は、その1回で終わってしまいました。

　では、女性アナウンサーに期待されている役割とは、どういったものなのでしょうか？　女性アナウンサーはニュースやバラエティ番組などによく出演していますが、たいていの場合、メイン司会者や進行役の男性アナウンサーや男性タレントをサポートするサブ的役割を担っています。そして、全般的にメインの役割をつとめる男性より若いのです。

　「女子アナ30歳定年説」というよく知られた言葉があります。「女性のアナウンサーは若い間（20代）はTVのレギュラー番組も多く、タレントのように扱われて人気者となるが、30歳になったら退職を促されてしまう」という意味です。そういった慣習が、各テレビ会社に本当にあるのかどうかはわかりません。ちなみに、1986年に施行された**男女雇用機会均等法**は男女で定年年齢に差をつけることを禁止していますので、企業は「女子社員30歳定年」といった規則を作ることはできません。しかし、企業側が30歳を過ぎた女性従業員に結婚や出産

退職をほのめかしたり、昇格や昇進の機会を与えなかったりして、実質的に「30歳定年」に追い込むような社風が残っているということはあります。

　「女子アナ30歳定年説」という言葉がいまだに人々の口に上るということは、「男性と違って女性は仕事の能力よりも若さや見た目が重要であり、ましてやみんなに見られるテレビの女性アナウンサーは外見が最重要ではないか」という考え方が、まだまだ社会で共有されているからなのではないでしょうか。

4．徴をつける意味とは

　雑誌や新聞の紙面を見ていると、読者の関心を引こうとさまざまな努力がなされていることがわかります。たとえば、週刊誌に「美人OL殺される！」という見出しがあったりします。「OL殺される！」では読者の関心を引かないと思われているのでしょうか？　もっとも、最近は「美人」だけでは不十分なようで、「美しすぎる○○」といった表現が頻出しています。誰の関心を引こうとしているのでしょうか？　おそらく男性でしょう。男性視点で発信しているメディアは、「美人」「美しすぎる」という言葉で、男性に向かってアピールしているのです。また、女性に対しては、ここ数年は「イケメン」「イクメン」という言葉がアイ・キャッチャーとして使われているようです。

　また、メディアの世界から発信される情報には、有徴化が多く見られます。有徴化とは、徴を付けるということです。たとえば、「アナウンサー」に対して「女子アナ」「女性アナウンサー」、「社長」に対して「女社長」、「医師」に対して「女医」、「作家」に対して「女流作家」、「政治家」に対して「女性政治家」等々、職業に対して「女性」であるという徴を付けることが非常によくあります。これらは**女性冠詞**と呼ばれています。

　徴がついたものは、その対象が一般的ではなく、特殊・例外であるということを示しています。アナウンサーが男性であることは「当たり前」ですが、女性のアナウンサーは歴史が浅く、まだ特殊性を帯びているのです。他の職業にもそういった傾向があります。例外としては「保育士」などがあります。保育士が女性であることは「当たり前」なので、「女性保育士」とは言いません。

むしろ「男性保育士」と**男性冠詞**がつきます。

　有徴化の問題は、徴が付かなければ「当たり前」、付けば「例外」といった区分があるということだけにとどまりません。与えられる評価や関心のもたれ方も違います。たとえば、「社長」と「女社長」はどう違うのか考えてみましょう。A社長を男性、B社長を女性とします。どちらの社長も、ここ数年の不況で経営がうまくいかず、会社は倒産してしまいました。それぞれの社長はどのように評価されるのでしょうか？　A社長の場合、彼に社長としての力量がなかったと言われることがあっても、「男に社長は無理だった」とは言われません。社長が男性であることは「当たり前」ですからね。しかし、B社長は違います。女性の社長は「例外」ですので、「やっぱり女に社長は無理だった」と言われてしまいがちです。B社長だけでなく、女性全体への評価が下がってしまいかねません。また、インタビューなどでも「社長」には仕事と家事・育児のやりくりをどうしているかといった質問はあまりされませんが、「女社長」はよく聞かれています。

5．CM・広告に描かれる女性像・男性像

　1975年に話題になったインスタント・ラーメンのCMがあります。女の子と男の子が登場し、「ワタシ作る人、ボク食べる人」と言います。このCMは、当時「女性が料理し、男性は食べるだけ」という固定的な性別役割分業を助長しているとして批判の声が上がり、翌月にCMの放映は中止となりました。現在（2016年）と違い、70年代の日本社会に「夫婦の家事分担」や「イクメン」なんて概念はありません。CM制作者たちにとっては、「女性だけが料理する」のは当たり前だったのでしょう。あれから40年経ち、CMの世界はだいぶ変わりました。男性が洗濯したり、赤ちゃんのおむつを替えたりしています。料理もしています。一方で、会社の会議に女性が参加するようになったり、車の運転をしたりしています。しかし、細かく見ていくと、まだまだ固定観念は潜んでいます。女性が車の運転をしているCMはありますが、彼女たちが運転しているのはたいてい軽自動車やコンパクトカーといった小さめの車です。大きめ

の普通車やグレードが高い自動車を運転しているのは男性で、こういった車の場合、女性が座っているのは助手席です。ファミリー向けのミニバンやワゴン車になると、運転しているのは「お父さん」となります。性別によって、未婚・既婚によって、子どもがいるかいないかによって、CMの世界では与えられている役割が違い、その違いはCMが制作された時代の社会の風潮を反映しています。

　性差別的な表現だとして、広告ポスターが批判されたこともありました。エイズ予防財団が1991年に作成した「世界エイズデー」の2種類のポスターです（図2－1）。一つには、パスポートで自分の目を隠している男性が登場し、その脇に「いってらっしゃい　エイズに気をつけて」と書いてあります。もう一つには、ふくらんだ透明のコンドームの中に裸の女性が横を向いて立ち、「薄くてもエイズにとってはじゅうぶん厚い」と書いてあります。当時の新聞によれば、女性団体などが「日本男性の買春ツアーを容認している」「女性の商品化、女性の人権の軽視に繋がる」と、厚生省とエイズ予防財団に抗議しました。

　さらに、これらのポスターの特徴は、性行為の主体は男性という前提で作られていることです。エイズ（後天性免疫不全症候群）はHIV（ヒト免疫不全ウイルス）に感染した結果、免疫力の低下によってさまざまな深刻な症状が生じてしまうという病気で、感染経路の一つとして性行為があります。ですから、上記のポスターは性行為の自粛及びコンドームの使用を呼びかけているのです。しかし、呼びかけている相手は「パスポートで顔を隠している」「裸の女性を眺めている」男性です。これらのポスターでは、女性は性行為の主

図2－1 「世界エイズデー」ポスター (1991)
(http://ameblo.jp/advernya/entry-10048421619.html)

第2章　ジェンダー・イメージとメディア　20

図2-2 「世界エイズデー」ポスター左 (2008)
図2-3 「世界エイズデー」ポスター右 (2014)
(http://api-net.jfap.or.jp/event/aidsday/aidsday_poster_poster.htm)

体ではなく、性的興味をもたれる対象として扱われています。

最近の「世界エイズデー」の啓発ポスターは、人間ではなく鳥のオスメスのカップルが描かれていたり（図2-2）、性別を特定しないカップルが描かれていたり（図2-3）と、だいぶ様変わりしました。たしかに、性的関係のパートナーは「男女」とは限りませんよね。その一方で、厚生労働省が2013年にウェブサイトに掲載した性感染症予防のためのポスター「性感染症相手が増えればリスクも増える」では、中心にいる1人の男性に何人もの女性が「接続」しているような絵で、いまだに男性を主体とし、多くの女性を性的対象にするという関係が描かれています（図2-4）。

図2-4　厚生労働省ポスター (2013)
(http://www.mhlw.go.jp/seisakunitsuite/bunya/kenkou_iryou/kenkou/kekkaku-kansenshou/seikansenshou/dl/poster_kansenshou.pdf)

【コラム2－4　女性団体の抗議に対するメディアの反応】

1975年、女性団体「国際婦人年をきっかけとして行動を起こす女たちの会」(行動する会)は、ハウス食品工業に対し、同社のCM「ワタシ作る人、ボク食べる人」を「男女の役割分業を固定化するもの」として、放映中止を要請しました。ハウス食品工業は、CM中止の理由を「新商品に切り替えるから」としましたが、マスメディアは「女性の抗議に"降参"」(朝日新聞1975年10月28日)と捉えました。そして、多くのメディアが、女性団体の行動に対して、以下のような表現で中傷やからかいの記事を書きました。「ヒステリック」「正義の味方ぶっているのが嫌いよ」(ヤングレディ)、「女性は生理になると判断が狂う」(週刊文春)、「それでも俺たちは言う!『わたし生む人』『ボク生ませる人』だ」「女は大脳ではなく子宮でモノを考える」(プレイボーイ)。

行動する会は、当時の週刊誌の反応を次のように書いています。

「ひどい記事はたくさんある。男女平等をいう女を『猛女』とか『充実した家庭もしらないアワレな人たち』と揶揄したり、『生理になる女の捜査官は、捜査に当たっては精神鑑定が必要』(週刊文春)という露骨な女性蔑視の記事や、『女にニュースを読ませたら、女がみな平等な顔をしているのならいざ知らず、美人もいればブスもいるから男にとってはどちらも気になっちゃって、ニュースなんか頭に入りゃしなくなるよ』(プレイボーイ)なんていう愚劣な記事も。こんな低次元の記事ではとことんやりあうのは無理だろう。抗議すれば、『冗談も解せないのですか』という卑怯な態度が返ってくるのが目に見えている」(行動する会記録集編集委員会　1999：45)

当時の週刊誌の記述からは、現在では考えられないような文言が多く出てきますが、その頃の社会では問題にならないことが多かったのです。性別に関連した事象に対するメディアの扱い方や描き方は、その時代の社会のジェンダー観を多く語ってくれます。

6.「痩せ過ぎファッション・モデル」問題

最後に、近年、国際的に早期の是正が求められている「痩せ過ぎファッション・モデル」の問題を取り上げます。ファッション・モデルという職業は、世界中で多くの女の子の憧れの対象となっています。一般的に、ファッション・モデルはスタイルの良さが求められる仕事といわれています。しかし、「スタイルの良さ」が身体の限界を超え、生命の危険を伴う状態になってしまってい

るモデルが後を絶ちません。2006年に痩せ過ぎで死亡した21歳のブラジル人モデルの事件をきっかけに、この問題は国際的に幅広く報道されるようになりました。世界的なファッション・ショウを開催しているフランス、イタリア、アメリカ、イギリスの4ヵ国は取り組みを始めました。スペインで開催されるマドリード・コレクションでは、BMI（体格指数：体重kg÷（身長m）^{2}）の数値が18未満のモデルを出場禁止にしました。またフランスでも、2015年に、BMI 18未満のモデルを採用した事務所に対して罰金を科す法律が成立しました。

　痩せ過ぎモデルは何が問題なのでしょうか？　モデルたちの健康不安はもちろんのこと、その影響力も問題です。世界中にいる「モデルになりたい」女の子に対して、「モデルになりたければものすごく痩せないとダメ」というメッセージを送ってしまうことは大きな問題です。その結果、モデルになるために「理想」の体型を目指して、きちんとした食事を拒否して健康を害し、病気になってしまう女の子が続出しています。たとえば、フランスには拒食症の女性が約4万人いると言われており、その9割が12〜20歳です。

　ファッション・ショウだけではありません。ファッション誌などに掲載されているデジタル加工が施されたモデルの写真も、問題が指摘されています。2009年にアメリカで起こった事例を紹介しましょう。有名なファッション・ブランドであるラルフ・ローレン社が作成したポスターに載っていた専属モデルの女性のウエストや腰が、異様に細くなっていたのです。「女性のウエストが頭より細いなんておかしい」という抗議を受け、ポスターは使用中止になりました。さらに、その後、この専属モデルの女性自身が「太り過ぎている」という理由で契約を打ち切られたと公表し、物議をかもしました。

　女性が憧れるファッション業界が、あらゆるメディア媒体で「（若い）女性は痩せていないと魅力がない」というメッセージを流し続けることにより女性の摂食障害が増えてしまう問題は、ようやく社会的に認識されるようになりました。しかし、全体的に見て、ファッション雑誌やファッション・ショウに登場するモデルたちの体形に、大きな変化はまだないようです。「女性は（若くて痩せている）外見が大事」というメッセージは、いまだ強力に発信され続けてい

るのです。

■■ おわりに

　私たちは、女と男は違うというジェンダー・イメージを強くもっています。しかし、いわゆる女性・男性の特性と思われているものの多くは、現実の女性・男性たちから経験的に導かれた「事実」としての「女らしさ」「男らしさ」から構成されているのではなく、むしろ、現実の女性・男性のあり方とは関わりなく構築されてきた「あるべき女性像・男性像」、つまり理念（こうあるべし）・理想（こうあってほしい）としての女性・男性を示していると考えるほうが適切です。たしかに生物学的・解剖学的に男女の差はありますが、歴史家のジョーン・スコットが、ジェンダーを「肉体的性差に意味を付与する知」（スコット 1992：16）と定義付けしたように、身体的な違いにどういった意味を与えるかは社会的・文化的な行為なのです。

　社会的・文化的に作られた性差としてのジェンダーは、男女の差異を強調します。「男はこうあるべし」「女はこうあるべし」は互いにどんどん離れていき、ものの考え方や価値観、行動パターン、趣味、嗜好品など、男女は真逆なものをもっているというジェンダー・イメージが作り上げられてきました。さらに、男性と女性の特性とされるものには非対称的な価値観が与えられ、男性が「中心」で女性は「周辺」という序列化が行われました。

　メディアは、このようなジェンダーの秩序化、序列化の再生産に大きな役割を果たしてきました。私たちがメディアを通して見たり聞いたりするものは、必ずしも現実の社会をありのまま描いたり、反映したものではありません。しかし、メディアの受け手である視聴者や読者は、しばしばメディアによって構成された「現実」を、自分にとっての現実でもあるとみなしてしまいます。メディアで表現されているものは私たちの現実認識の基盤となり、さらに私たちにとっての現実を構成する働きをします。メディアには、ジェンダー・イメージを増幅する力があるといえましょう。

日々メディアは膨大な量のジェンダー・イメージを作り出し、強化しています。私たちが内面化している「男はこうあるべし」「女はこうあるべし」は、メディアが描く男性像、女性像の影響を強く受けています。しかしながら、メディアが描く「女性像」「男性像」は、そのメディアを規定する社会的・文化的条件の変化とともに変わりゆくものであり、また、メディアの受け手の意識の変化によっても変わっていきます。つまり、そこには相互作用が働いているのです。私たちはメディアから受け取る情報を鵜呑みにするのではなく、そこにジェンダー・バイアスが潜んでいないかどうかを検証する視点をもつことが必要です。

（笹川　あゆみ）

【お薦めブックガイド】

■　斎藤美奈子 2001『紅一点論　アニメ・特撮・伝記のヒロイン像』筑摩書房：アニメや特撮番組、伝記といった子ども向けのメディアで、女の子と男の子がどのように描かれているのか鋭く分析した本です。取り上げられている番組は古いですが、こういった番組を見た世代がすでに大人になって社会を主導しているという視点で読んでも興味深い！

■　天野正子ほか編 2009『新編　日本のフェミニズム 7　表現とメディア』岩波書店：新聞や雑誌、テレビ、映画、演劇、言語等、さまざまなメディアで何が表現されているのか、フェミニズムの視点から大胆に切り込んでいる重要な論考のアンソロジーです。戦前のメディアも取り上げており、メディアとジェンダーの歴史的な経緯も学ぶことができます。

【参　考　文　献】

伊藤公雄 1996『男性学入門』作品社
行動する会記録集編集委員会編 1999『行動する女たちが拓いた道──メキシコからニューヨークへ』未來社
小玉美意子 2012『メジャー・シェア・ケアのメディア・コミュニケーション論』学文社
ジョーン・スコット（荻野美穂 訳）1992『ジェンダーと歴史学』平凡社

田中和子・諸橋泰樹編著 1996『ジェンダーからみた新聞のうら・おもて　新聞女性学入門』
　　現代書館
諸橋泰樹 2002『ジェンダーの語られ方、メディアのつくられ方』現代書館

Ｇender

■■03■■

Ⅰ

学校教育とジェンダー

　　皆さんは「女に学問はいらない」という言い方を聞いたことがありますか？
男の子は将来「一流会社」に就職するために勉強を頑張らなくてはいけないけ
れど、女の子はどうせお嫁さんにいってしまうのだから無理に勉強しなくてよい。
むしろ、頭が良いと可愛げがないし、そんな「生意気」な女は嫁の貰い手がな
くなる。そのような考え方は、一昔前まで「世間の常識」として捉えられてい
ました。一方、性差別がある一般社会と違って、教育を受ける学校という場は
男女平等であるというのも「世間の常識」でした。男女のあり方をめぐって、
社会と学校は何がどう違っていたのでしょうか？いえ、そもそも、本当に違っ
ていたのでしょうか？

■■ 第1節 │ 「学校は男女平等」は本当か？

　学校は男女平等が実践されている場だと永らく考えられてきました。「学生
であるうちは気付かないが、女性は卒業して社会に出ると初めて性差別に気付
く」とよく言われてきました。「初めて性差別に気付く」機会は、就職活動か
ら始まりました。就職のための企業説明会で「ウチは男子しか採用しません」
と言われたり、また面接では女子学生だけ「彼氏はいますか？」「結婚したら
会社を辞めますか？」などとプライベートなことを聞かれたり、女性が採用さ
れる職種は昇格・昇進のない事務職や販売職だけだったりということが、ごく
当たり前にありました。「学校では男子も女子も同じように勉強も部活も頑張
ってきたのに、学校を出たとたん、女子は相手にしてもらえないのか……」と、
女子学生は初めて社会の性差別に気付いたのです。こういった就職時の性差別
は、1986年に施行された**男女雇用機会均等法**によって違法となり、少しずつ解
消されてきましたが、現在でもすべて消えたわけではありません。

36

この章でまず考えたい疑問は、「学校に性差別はない」のは本当なのだろうか、ということです。学校教育においては男女平等が実践されているという前提は、本当のことなのでしょうか？　実のところ、この「学校は男女平等」神話に対しては、日本では1970年代からさまざまな疑問が投げかけられてきたのです。

　日本で近代的な公教育制度が始まったのは、1872（明治5）年に文部省が発令した学制からです。すべての国民が身分や性別に関わりなく学校で勉強できる「国民皆学」を目指し、全国に学校を設置しようとしました。しかし、男子に比べて女子はあまり学校へは行きません（行けません）でした。その頃の小学校就学率は男子が3割程度で女子はその半分程度、中学校に至っては女子の割合はきわめて低かったそうです。当時、子どもは貴重な労働力でしたから、子どもが学校に行ってしまうと畑仕事やその他諸々の雑用が滞ってしまうということで、大人たちは学校に対して良い感情をもっていないことも珍しくなかったそうです。全国的に教育の重要性が理解されるには、それなりに時間がかかりました。女の子となると、さらに教育の必要性がなかなか理解されませんでした。1879（明治12）年に、学制に代わって教育令が公布され、尋常小学校などを除いて学校教育は男女別学が基本となります。

　第2章で見た通り、社会が期待する男性と女性の役割は違います。ましてや明治期は、今より遥かに男女の違いが強調された時代です。欧米諸国に追いつけるように日本の近代化に貢献する人材を輩出するための教育、その対象は男子だけだったのです。女子に対する教育はあくまでも**女子教育**であり、その目的は、良妻賢母の育成でした。その背景には、男性と女性にはそれぞれ得意な領域があるという**性別特性論**という考え方があります。男性は勉学を修めて社会に出ていくこと、女性は家庭で家事育児を切り盛りすること（だから、男性のように勉強をする必要はない）が理にかなっている、ということです。

　「女に教育はいらない」というジェンダー・バイアスが当たり前だった時代は、すでに遠い過去の話なのでしょうか？　残念ながら、そうとも言えないようです。元鹿児島県知事が県の教育会議で「高校教育で女の子に（三角関数の）

サイン、コサイン、タンジェントを教えて何になるのか」「社会の事象とか、植物の花とか草の名前を教えた方がいい」（南日本新聞 2015.8.28）と発言し、「時代錯誤だ」と非難が殺到したのは最近のことです。女子には教育はいらない、少なくとも男子と同じレベルの教育はいらない、という考え方は、今でも潜んでいるのです。

第2節 | 学校教育に潜むジェンダー・バイアス

　ジェンダーの視点で学校教育の場を改めて見てみると、性に関する思い込みや偏見が、さまざまな側面に潜んでいることがわかります。どういった課題が指摘されているのか、見ていきましょう。

1．女子のみだった家庭科の履修

　前述の通り、戦前は男子と女子で教育の目的に違いがありました。戦前の女子教育は、**良妻賢母教育**とも呼ばれ、文字通り、「良い妻」「賢い母」を育てることが主な目的だったのです。家事労働や子育ては女性だけが担うものという考え方に基づいた教育方針は、今はもうなくなったのでしょうか？

　戦前の女子教育において、妻・母としての役割を担うために、女子は家事や裁縫、婦人としてのあり方、道徳（婦徳）などを学びました。特に「家事科」「裁縫科」は、生活に必要な技術を身に付けることであり、女子生徒にとって重要な科目でした。また、小山静子（1991）によれば、良妻賢母教育における「良い妻」と「賢い母」では、圧倒的に「賢い母」になることに重点が置かれていました。明治以降、近代国家が形成されていく過程で、男子は「良き国民」になるための教育を受け、女子は「良き国民を育てる母」になるための教育を受けたのです。

　戦後、新憲法のもとで教育改革が行われ、男女ともに同じ教育機会が与えられるようになりました。日本国憲法第26条には以下のように書かれています。「すべて国民は、法律の定めるところにより、その能力に応じて、ひとしく教

育を受ける権利を有する。すべて国民は、法律の定めるところにより、その保護する子女に普通教育を受けさせる義務を負ふ。義務教育は、これを無償とする」また、憲法の理念に沿って制定された教育基本法第5条は「男女は、互いに敬重し、協力しあわなければならないものであって、教育上男女の共学は、認められなければならない」と規定し、男女共学が進められました（ただし、教育基本法は2006年に全面改正され、第5条は削除されてしまいました）。

　男女で同じ教育を受けることとなり、戦前の「家事科」「裁縫科」の流れをくむ「家庭科」が新設されて男女共修となりました。しかし、徐々に従来の性別特性論が再び教育の世界で声高に唱えられるようになり、小学校は男女共修のままですが、中学校・高等学校における家庭科は女子のみの履修へと逆戻りし、男子は科学技術に関する知識と技能を習得することを期待された技術科の履修が始まりました。

　そのような日本の社会が変わったきっかけの一つが、1975年に国連が世界の女性の社会進出を促すためにメキシコシティで開いた国際婦人年世界会議です。続いて、国連は1979年に**女子差別撤廃条約**を採択しました。日本も女子差別撤廃条約を批准しましたが、その準備として、性差別であると指摘されていた国内法の改正が必要となりました。改正の一つが、中等教育における家庭科の男女共修です。1993年度から中学校で、94年度から高校で家庭科の男女共修が実施されました。ちなみに、雇用に関する男女不平等を是正する法律も必要となり、男女雇用機会均等法が成立（1985）しました。

　男女ともに学ぶようになった家庭科は、男女共同参画の視点が取り入れられるようになりました。女性にだけ家庭責任を負わせるのではなく、男女ともに自立した生活者としての能力を身に付けることを期待され、また福祉や環境、就業などの社会問題も考える科目となりました。男子の家庭科の未履修は、食生活をはじめとした身の周りの生活に関わる知識を学ぶ機会を、男子生徒から奪っていたということにもなります。栄養や基本的な家事などに関する知識は、男性にとっても生きていく上で大事なことです。

　しかし、家庭科が男子にとっても大事な科目であるという認識が社会で一般

的になったかというと、まだ疑問符が付きます。たとえば、2006年に、進学校で有名な私立男子高校や男子中高一貫校で家庭科の未履修が次々と発覚するという問題が起きました。学校の説明によると、家庭科は大学受験に関係がないとして、代わりに受験科目の勉強をさせていたということです。その根底には「男子に家庭科は必要ない」というジェンダー・バイアスが潜んでいるように感じます。

2．男子優先名簿から男女混合名簿へ

最近の学校では、性別に関係なくアイウエオ順になっている**男女混合名簿**が増えてきています。しかし、ごく最近まで、男子が先にアイウエオ順に並び、その後、女子がアイウエオ順に並ぶという、男子優先名簿がほとんどの学校で使用されていました。

1980年代後半から、男子優先名簿は問題ではないかと広く指摘され始めました。1985年にケニアのナイロビで開かれた国連の第3回世界女性会議で、日本の女性団体が他の国の名簿はどうなっているのかアンケート調査をしたところ、男女別名簿はインドのみで、残りの国々（アメリカ、イギリス、オーストラリア、カナダ、ケニア、スーダン、西ドイツ、フランスなど）は男女混合名簿だということがわかりました（行動する会記録集編集委員会 1999）。日本では当たり前であった男子優先名簿は、国際的に見れば珍しかったのです。それ以降、新聞などのマスメディアでも男女混合名簿の話題が取り上げられるようになり、賛成と反対の意見が飛び交いました。当時、ほとんどの小・中・高等学校で男子優先名簿が採用されていたので、教師の多くは男女混合名簿に戸惑いを覚え、強硬に反対する教師も一部にいたようです。しかし、その後1999年に成立した**男女共同参画社会基本法**が、男女混合名簿の普及を促しました。

男女混合名簿に反対する意見の代表的なものとして、「出席簿の順番にこだわるなんてくだらない・どうでもいい・些細なこと」という意見があります。たしかに些細なことかもしれません。しかし、私たちの生活は、些細なことの積み重ねでもあります。具体例を見てみましょう。名簿の男子優先は、名簿を

使用して行われる学校内の活動が、常に「最初は男子」になることにも繋がります。また、名簿と直接関係していなくても、学校内ではさまざまな場面で男子優先が行われていました。たとえば、朝礼や全体集会の時は男子が前に並んで女子が後ろに並ぶといった男子優先の並び順、「生徒会長は男子で、副会長は女子」「学級委員長は男子で、副委員長は女子」などの役職の序列です。このように、学校生活において、名簿をはじめとしてあらゆるものが「男子が先で女子が後」「男子が主で女子が従」と積み重ねられることにより、生徒はどういった影響を受けるのでしょう。「男性が先で女性はその後をついていくもの」「男性は女性より優先されるもの」という学校において繰り返される刷り込みによって、知らず知らずのうちに、それらを「常識」として内面化するようになるのではないでしょうか。

　もし、健康診断といった場合にどうしても男女別の名簿が必要であるとすれば、その時に用意すればよいのではないでしょうか。年に一回か数回のことでしょう。学校生活全般に関して、「男子が先、女子が後」という名簿や順番を固定化させなければ、どうしても困るということはないと思います。

　現在では男女混合名簿が広がり、また女子生徒が生徒会長となる学校も珍しくありません。男子優先名簿に疑問を感じることにより、名簿にとどまらず、学校全体の男子優先の慣習が見直されることに繋がってきたのです。

【コラム3-1「男女共同参画社会基本法」】

　男女共同参画社会基本法は男女平等な社会の実現を目指して、1999年に成立、施行されました。

　「男女共同参画社会」とは、「男女が、社会の対等な構成員として、自らの意思によって社会のあらゆる分野における活動に参画する機会が確保され、もって男女が均等に政治的、経済的、社会的及び文化的利益を享受することができ、かつ、共に責任を担うべき社会」（第2条）であると定義されています。その実現のために掲げられている5本の柱（基本理念）は「男女の人権の尊重」「社会における制度または慣行についての配慮」「政策などの立案及び決定への共同参画」「家庭生活における活動と他の活動の両立」「国際的協調」です。「男は仕事、女は家庭」という固定的

な性別役割分業にとらわれることなく、男性も女性も、意欲に応じてあらゆる分野
で活躍できる社会の実現を目指す法律です。

3．教員の性別による垂直分離

　社会一般と同様に、学校でも性別によって教員の担当や役職が分かれている
ことがよくあります。特に、上に行けば行くほど男性の教員が増え、下に行け
ば行くほど女性の教員が増えます。この現象を**同一職務の垂直分離**と言います。
この「上と下」は２種類あります。一つは教育機関のレベルの上下です。教育
は子どもの年齢が上がるにつれて、幼児教育、初等教育、中等教育、高等教育
とレベルが上がり、女性教員の割合が減っていきます。現在、女性教員の割合
は、ざっと幼稚園では９割、小学校では６割、中学校では４割、高等学校では
３割、大学では２割です。ただ例外は、学生の多くを女性が占めている短期大
学で、女性教員は５割を占めています。もう一つの「上下」は、教育機関内に
おける役職のレベルです。教員の女性割合が６割を超えている小学校でも、女
性の校長先生は２割にも達していません（図3－1）。中等教育や高等教育でも、
基本的に上の役職に行けば行くほど女性の割合は少なくなっていきます（図3
－1、3－2）。

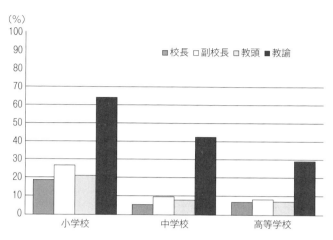

図3－1　本務教員総数に占める女性の割合
(初等中等教育　平成26年度、内閣府「平成27年版　男女共同参画白書」より作成)

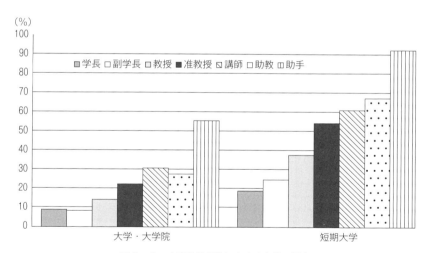

図3－2　本務教員総数に占める女性の割合
(高等教育　平成26年度、内閣府「平成27年版　男女共同参画白書」より作成)

　また、理系や体育の先生は男性が多い、養護教諭はほとんど女性であるといった偏りも指摘されています。さらに、教育委員会の委員も男性が多く、全般

第3章　学校教育とジェンダー　43

的に学校教育に関してさまざまな決定を下す権限があるレベルでは男性優位が続いています。

　教員ではありませんが、PTAの役員はほとんどが母親です。PTAはParent-Teacher Associationの頭文字を並べた名称ですが、母親ばかりだからMTA（Mother-Teacher Association）ではないかと揶揄されることがあります。しかし、PTA会長となると、むしろ父親が就任していることのほうが当たり前です。また、全国的組織である公益社団法人PTA全国協議会の会長以下、役員も（お名前から推測する限り）全員男性のようです（http://nippon-pta.or.jp/about/02-2/ 2016.10.10閲覧）。たとえ女性が圧倒的に多い組織であっても、意思決定をする権限は常に男性に集中しているという図式は、学校のみならず企業や政界、地域コミュニティといった組織にも当てはまります。

4．教科書に描かれる性別役割

　学校で毎日使用されている教科書の中で、ジェンダーはどのように描かれているのでしょうか。教科書の内容をジェンダーの視点から分析することにより、さまざまな**ジェンダー・ステレオタイプ**（ジェンダーに関する思い込み）があることがわかりました。その一つが、小学校の、特に低学年用の教科書の挿絵では、「女らしさ」「男らしさ」が過度に強調されているという指摘です。たとえば、男の子は外で元気に遊んでいるのに女の子は家でお母さんの手伝いをしている、お母さんは家の中でも外でもいつもエプロンをしている、といった描かれ方がされていました。また、社会科の教科書では、工場や郵便、警察、駅、工事現場など多様な職業で働いているのは男性ばかりである一方、女性は事務員や教師、スーパーのレジ係など少数の職業に偏っているという指摘もありました。理科の教科書では、実験を実行して説明するのは男子、聞き役は女子といった役割分担が描かれていることも珍しくありませんでした。

　さらに、中学・高校の歴史の教科書では、歴史上の人物として登場する女性はわずかであると指摘されてきました。そもそも歴史の教科書には、男性による功績ばかりが記述されているように思いませんか？　英語圏では「歴史」を

history と言いますが、これは"his story"という意味だというジョーク（嘆き？）があります。男性の物語、男性の視点からの記述に過ぎないということです。人類の長い歴史には女性も男性も半々程度存在していたはずですが、男性の活躍ばかりが後世に残っています。Her storyは一般的な歴史学ではあまり語られず、女性に関する記述は「女性史」という別枠の歴史として扱われてきました。これも第2章で出てきた有徴化です。

　たしかに、歴史を通して名を上げた人々、君主や政治家、軍人、学者、芸術家などは男性が圧倒的に多かったことでしょう。しかし、それは「男性のほうが優秀であった」ということを意味しているわけではありません。多くの国や社会では、女性は男性より下の「2級市民」扱いを受けていたり、教育の機会を与えられなかったり、選挙権も被選挙権もなかったり、職業差別があったり、女性の業績は記録されなかったりといったさまざまな歴史的な積み重ねがあることを考慮する必要があります。世界史に出てくる男性に限ってみても、欧米の男性がその多くを占めているからといって、他の社会や民族の男性が劣っていたというわけではないということと同じです。

　教科書の中のジェンダー・ステレオタイプは、教科書を作成している人々、さらにその人々が生活していた時代のジェンダー観を反映しています。登場人物の性別に関して、教科書会社が内容を勝手に変更してしまったという1980年のエピソードを紹介しましょう。ある小学校の6年生担任（女性）の指導によりクラス全員が頑張ってマラソンの練習をしたという話を、1人の女子生徒が作文に書きました。その作文が国語の教科書に採用されたのですが、なんと内容が「女の先生の指導でクラス全員がマラソンを始めた」から「男子の提案でマラソンが始まり、男の先生の指導でみんなが走り続けた」に変わっていました。がっかりした当事者である女性の先生の依頼を受けて抗議に行った評論家の樋口恵子によれば、教科書会社の説明は「マラソンは伝統的に男性の競技だから、男子生徒が提案し、男性の教師が指導したという記述のほうがふさわしいので変更した」だったそうです。交渉の結果、内容は全面的に復元されたのですが、「女ではふさわしくない」ということで女性の功績が消えてしまうの

は残念なことです。

5．隠れたカリキュラム

　これまで見てきたように、男性を中心としがちな「学校文化」は、「社会は男性優先」であるというメッセージを生徒たちに送り続けてきました。これを**隠れたカリキュラム**と言います。隠れたカリキュラムとは、学校教育において、正規のカリキュラム（教育課程）とは別に学生が学ぶ価値観やものの見方などを指します。教師の態度や言葉遣い、教師と生徒、もしくは生徒同士の日常のやりとり、学校全体の方針などから、生徒は学校社会の価値観や規範を学び、ひいてはそれらが社会全体の「常識」であると学んでいくのです。学校の中で、名簿も行列も常に男子生徒が優先されたり、一般の教諭は女性のほうが多くても校長先生や教頭先生は男性ばかりだったりすれば、生徒はそれが社会一般に通じる男性と女性のあり方、役割分担だと学習してしまうのです。

　かつて進路指導の時などに、「女の子だから文系がいいだろう」「女の子だから浪人しないで、四大よりも短大に行ったほうがいい」「男の子なんだから就職を考えて理系に行ったほうがいい」といった、性別によって違う指導が一般的に行われていました。このような「男／女だからこうしなさい、男／女なんだからこうしないとおかしい」という考えに基づいて進路が決められていくことを、**ジェンダー・トラック**、もしくは**ジェンダー・トラッキング**といいます。ジェンダー・トラックによって、女子生徒と男子生徒は、学校生活を終えた後の人生も違う道を進むように振り分けられてしまうのです。

　隠れたカリキュラムが送るメッセージは、男子にとっても良いことばかりではありません。何事においても優先される男子生徒への高い期待が、彼らに逃げ場のないプレッシャーを与える可能性もあります。私立の男子高校で行われた調査から、スポーツや勉強が得意な男子生徒は自己肯定感が高くなり、両方とも苦手でおとなしい男子生徒の自己評価は低くなる傾向があるという結果が出ています（土田 2008）。学校は競争を促す場です。女子より男子に勉強やスポーツの優位性を期待する隠れたカリキュラムは、男子に激しい競争を促し、

それに勝ち抜いていく男子生徒を称賛します。競争に負けてしまう、もしくは競争に興味のない男子生徒は、もともとあまり期待されていない女子生徒（それはそれで大きな問題ですが）より、もっと強い疎外感を感じてしまいかねません。近代教育は、その出発点から男性が社会に出て活躍するためという目的がありました。学業の成功は職業の成功に結び付くとされ、特に男子生徒にとって大きな意味を与えてきました。学業の成功という教育達成をめぐる競争に失敗することは、「単なる失敗ではなく『男としての』失敗をも意味する」（多賀2006：32）こととなり、男子生徒を追い詰めてしまいかねないというリスクも隠れたカリキュラムの大きな問題です。

第3節　高等教育におけるジェンダーの課題

1．大学進学率の男女差

　戦前、日本では最高学府である大学（帝国大学）に進学できるのは、基本的に男性だけでした。当時、○○女子大学という教育機関もありましたが、制度上は専門学校という扱いでした。女性の最高教育機関は高等女子師範学校という教員育成機関であり、東京と奈良に一校ずつありました。今日では、お茶の水女子大学と奈良女子大学という国立の女子大学となっています。

　戦後、男女平等・男女共修の教育制度が始まり、女子も大学に進学することが可能になりました。しかし、男女の四年制大学進学率は、常に差が開いていました。戦後10年目である1955（昭和30）年の大学進学率は、男子が13.1％で女子が2.4％でした（図3－3）。その後、男子の大学進学率は一時的に下がることもありましたが、1964（昭和39）年に2割を超え、1975（昭和50）年に4割を超えました。一方、女子の大学進学率が2割を超えたのは1994（平成6）年です。かつては高校卒業後の女性の進学先としては、短期大学を選ぶほうが一般的だったのです。その選択にはジェンダーが大きく関わっていました。まずは、「女に学はいらない」というジェンダー・バイアスで、女子に大学教育は必要ではないという考え方が根強くありました。大学文学部の女性比率が増えてき

第3章　学校教育とジェンダー　47

た1960年代初め、ある男性の大学教授が女子大生を批判し、その主張は**女子大生亡国論**と名付けられ大変話題となりました。卒業後に社会で活躍するためではなく、結婚準備として教養をつけるために入学してくる女子大生の教育に税金を使うのは無駄である、という批判です。しかしながら、当時、たとえ女子大生が卒業後にバリバリ働きたいと思ったとしても、女子大生にキャリアを期待する企業はほとんどなかったでしょう。女性は高校卒業後、男と張り合って四年制大学に進学するなんて女らしくない。下手に大学に行って勉強なんかすると余計に生意気になるし、婚期も遅くなるから嫁の貰い手がなくなるだけ。難しいことは男に任せて、三歩下がってニッコリとついてくるぐらいが可愛げがあってよい。学校を出てすぐに結婚では、あまりにも世間知らずなお嫁さんになるというのであれば、数年「社会勉強」のために就職して、お茶汲みやお客様の接待の仕方を経験すればよい。総じて、女子は四年間も大学なんかに行っても仕方がないし、そのための教育費は男子に回したほうがよい。以上のような考え方が、ごく普通に社会で共有されていました。

　男女雇用機会均等法成立以降、社会は少しずつ変化し、徐々に大学に入学する女性も、卒業後に就職してキャリアアップを目指す女性も増え続け、1996（平成8）年を境に女子の短大進学率と大学進学率は逆転します。2015（平成27）年現在、四年制大学への進学率は男子が55.4％、女子が47.4％まで上昇しています（図3－3）。

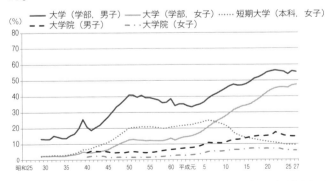

図3－3　高等教育機関種類別進学率の推移　（内閣府「平成28年版　男女共同参画白書」より作成）

2．学部専攻の性別偏り

　女子と男子の大学進学率は8ポイント差まで迫ってきましたが、その一方でなかなか変わらないのが専攻分野の男女差です（図3-4）。たとえば、家政学専攻はほとんどが女子学生であり、文学や看護学、薬学も女子の割合が高いです。それに対し、理学、工学専攻は男子学生がマジョリティです。また、医学や経済学、商学、法学なども男子学生の割合が高いです。

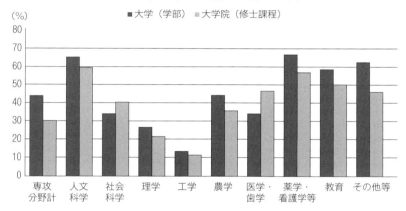

図3-4　大学（学部）及び大学院（修士課程）学生に占める女子学生の割合
（専攻分野別　平成27年度、内閣府「平成28年版　男女共同参画白書」より作成）

　大学の学部専攻の性別による偏りは、卒業後の職業選択、キャリア形成の偏りに繋がります。その結果、栄養士はほとんどが女性、エンジニアはほとんどが男性、といった職種の性別分離が起こります。職業にも「男らしい職業」「女らしい職業」という社会通念が存在しています。たとえば、学校教育の段階で、「理系が得意なのは男子」というメッセージを繰り返し受け取ってきた男子生徒は、理系の勉強に興味をもち、将来その知識を生かした職業に就くことにリアリティを感じる一方、女子にとっては理系の職業はピンと来ないことが多いでしょう。また、理系の先生は男性が多いし、ノーベル賞の理系部門の受賞者は男性ばかりだし、となってくれば、ますます理系専攻の女子は少なくなり、「理系が得意なのは男子」は真実味を増すという悪循環が止まりません。

第3章　学校教育とジェンダー　*40*

まさにジェンダー・トラックによって、男性と女性は違う職種に振り分けられてしまっているのです。

　ここ数年、**リケジョ**（理系女子）という言葉が流行しています。先進国の中でも理系専攻の女子割合がきわめて低い日本の現状を変えるべく、国も産業界もともにリケジョ応援をアピールしています。理系の専門職を目指す女性の**ロールモデル**を育成しようと、大学などの教育機関も力を入れ始めています。

　他方、「男子学生が少ない学部にもっと男子を入れよう！」といったキャンペーンは聞いたことがありません。2014年、公立の女子大学に入学願書を受理されなかった男性が、性差別だとして地裁に提訴したという事件がありましたが、それをきっかけとして、女子大学が男子学生の入学を拒絶することの賛否を問う議論がメディアで巻き起こるということもありませんでした。このケースでは、栄養士の資格をとるために大学入学を考えていた男性が、経済的な理由で公立大学の受験しかできないのに、男性が住んでいる県内で資格取得が可能なのは女子大学だけだったという事情があったようです。

　今のところ、栄養学専攻の男子を「エイダン（栄養系男子）」？として国や企業が応援する、という話もないようです。女性が多い職種への男性進出には、なぜ関心が集まらないのでしょうか。そこには男性中心の仕事と女性中心の仕

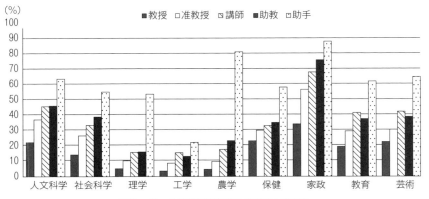

図3－5　大学教員における分野別女性割合
（平成26年度、内閣府「平成27年版　男女共同参画白書」より作成）

事の**非対称性**が影を落としています。男性中心の職業のほうが社会的に高い価値が与えられ、賃金水準や待遇も高いのが一般的です。したがって、男性職を目指す女性は「上」を目指しているということで「女のくせに生意気だ」というネガティブな評価もある一方、「女の子なのによく頑張っている」というポジティブな評価にもなるのです。しかし、社会的に低い価値を与えられている女性職を目指す男性は、「女でもできる楽な仕事を選ぶ男」としてネガティブに捉えられてしまうのです。こういった傾向が社会に存在していることは、総合職ではなく一般職を志望する男子大学生に対する企業の人事採用者のネガティブな態度からもわかります。このジェンダーの非対称性が是正されていかないと、男女学生の学部専攻の偏りはなかなかなくならないでしょう。

また、大学教員における分野別女性割合の多い少ないも、学生の学部選択と似たような傾向があります。しかしながら、たとえほとんどの学生が女子である家政学であっても、教授の6割以上は男性であるというのは、性別における垂直分離の法則の「ゆるぎなさ」を感じます（図3-5）。

第4節 学校スポーツにおけるジェンダー問題

1. 男子の優位性を強調する学校スポーツ

学校教育において、男女が分かれて学ぶことが当然視されている教科に体育があります。体育は男女の性差を際立たせるカリキュラムであり、強調されるのは男子の優位性です。戦前の体育教育でも女子は排除されていたわけではありませんが、富国強兵のスローガンのもとに心身の鍛錬を求められた男子と違い、お国のために役立つ立派な男子を産み育てるための健康な身体づくりという、別の目的のもとに女子体育が指導されていました。戦後の男女平等・男女共修教育となってからも、男女の身体差・体力差を前提にして、体育のカリキュラムは男女別に作られることが当然とされてきました。

1989年に行われた学習指導要領の改訂により、制度上、中等教育における男女別カリキュラムは撤廃されました。それまでは「格技（武道）は主として男

子必修、ダンスは主に女子必修」となっていた規定が、「武道・ダンスの領域については、男女とも選択して履修できる」となりました。しかし、その後も「男子は武道、女子はダンス」と男女別のカリキュラムを実践している学校が多いという調査結果があります（井谷 2008）。なお、2012年から中学校では男女ともに武道・ダンスが必須となりました。

　教科としての体育以外にも、学校は部活動や運動会、マラソン大会など、さまざまなスポーツが実践されており、いろいろな形で男女の振り分けが行われています。たとえば、マラソン大会で男子には長い距離、女子には短い距離が与えられたりすることもあります。また、部活動の監督やコーチなど指導的な役割を担う役職は、男性にその多くが振り分けられています。男性の監督やコーチが女子運動部を指導することは珍しくありませんが、女性の監督やコーチが男子運動部を指導するのはまれです。「社会がどんなに男女平等になろうとも、運動能力に関しては男性が絶対的に有利である」という固定観念は、男性中心の指導者層を正当化してきました。

　全体的に見れば男女の身体差や体力差はたしかにあるでしょう。しかし、トップの女子に勝てない男子もいるでしょうし、男性同士・女性同士の同性間の差も大きくあるでしょう。性別にかかわりなく、記録では劣っていても指導力は勝っているという場合もあるでしょう。男子の優位性を自明のものとした上に成り立っている、スポーツにおける男女の関係性をもっと柔軟な形にしていくことは、ジェンダー・バイアスを取り除いていくために不可欠です。

2．女子マネージャーをめぐる議論

　学校スポーツのジェンダー問題として指摘され続けてきた課題の一つに、体育系部活動における女子マネージャーの存在があります。

　マネージャーとは「マネージする人」ということで、もともとは「経営者、管理人、部長、監督」など、むしろ選手の指導的立場にいる人という意味です。しかし、女子マネージャーの仕事は、多くの場合、洗濯や掃除、飲み物や食事の用意といった家事労働に相当する作業です。日本の学校において、マネージ

ャーは「男子選手の世話をする女子」ということになっているのはなぜでしょうか？

『女子マネージャーの誕生とメディア』（2005）の著者である高井昌吏によると、戦前から戦後10〜20年ぐらいまでは、男子運動部はマネージャーも含めてすべて男子でした。男子マネージャーの仕事は、選手の練習相手、対外試合の交渉、予算の交渉、グラウンド整備、飲料水の準備、スケジュール管理など多岐にわたり、さらに、選手と指導者の調整役、潤滑油的な役割を期待されていました。1960年代に入ると、女子マネージャーが登場しますが、当時の社会では反発が強かったようです。「女なんかにマネージャーができるか」という性差別観と、男性の「聖域」に女性が入ってくることへの強い抵抗感が、多くの反発を生んでいました（高井 2005）。

ところが、その後女子マネージャーは増え続け、1980年代以降、むしろマネージャーは女子が一般的となっていきます。女子マネージャーがマジョリティになるにつれて、マネージャーの仕事の内容は「管理（マネージ）する」から「お世話する」へと変化していきました。そうなると、今度は男子生徒の身の周りの世話をする女子マネージャーのあり方について、批判が出てきました（高井 2005）。「学校教育の場で女子生徒に主婦役を担わせることにより、固定的な性別役割分担を学生のうちから身に付けさせてしまうのではないか」、「『雑用は女の仕事』という概念が、男女平等であるべき学校に持ち込まれてしまっているのではないか」といった指摘がありました。他方、それらに対して「女子生徒が好きでやっているんだから、構わないのではないか」といった反論もありました。

現在でも、このような議論は続いています。2014年の夏の全国高校野球選手権大会で、「2年間でおにぎりを2万個握った」という女子マネージャーが話題になり、称賛の声が上がりました。その女子マネージャーは、選手のサポートに全力を尽くし、甲子園でベンチ入りした彼女はとてもうれしそうでした。ところが、彼女がマネージャーの仕事を優先するために、難関校受験の選抜クラスから普通クラスに転籍したのではないかという報道もあり、「女子は勉強

よりおにぎりづくりのほうが高く評価されるのか」といった批判が出てきました。一方で、2016年夏の大会では、男子部員と同じユニフォームと帽子姿でノック練習の手伝いをしていた女子マネージャーが、大会本部に制止されてしまい、これも議論を巻き起こしました。大会本部によると、甲子園での練習補助員は「男子部員に限る」と明記されているそうです（この規定は、その後緩和されました）。日本高校野球連盟の事務局長は「体力差のある女子がケガを負う可能性のある状況を作りたくない」と説明していましたが、「男子だってケガをする可能性はあるのではないか」「女子を追い出すのは時代錯誤だ」といった反論が多くありました。

　女子マネージャー本人が自ら望んで行っていることを、やみくもに否定するのには疑問があります。運動選手にとって食事は大切なことですし、雑用を引き受けたり世話や手伝いをしたりすることで応援したいという気持ちも大切にしたいと思います。しかし、男子選手の世話を、「女子だけ」が「女子だから」担うことが制度化されているとしたらどうでしょうか？　また、「女らしい」仕事を選ぶ方が高い評価を得られるからそっちを選ぶという**ジェンダー・トラック**が内面化されていないか、周りもそれを当然視していないか、ちょっと立ち止まって考えてみてほしいと思います。食事の用意を男子が担当してもよいですし、他の選択肢もいろいろとあるのです。

　女子マネージャーをめぐる議論の根底には、「社会で活躍する男性とそれを支える女性」という性別役割分業の再生産が教育の場で引き継がれていくことへの懸念があります。さらに、「本人が好きでやっていること」であっても、それがおにぎりづくりのような「女らしい」行為であれば受け入れられ、選手の練習相手といった「女らしくない」ことであれば拒否されてしまう（高野連はそうは言ってはいませんが）というのであれば、矛盾しているのではないでしょうか。

■ おわりに

　社会の中にはまだまだ性差別があるけれど学校の中は男女平等であるという

「常識」は、ジェンダー視点の導入により神話に過ぎないということが明らかになりました。性別特性論を基盤とした学校教育は、男女平等・男女共修教育がスタートした戦後も着々と引き継がれていました。学校文化の中では、男子は将来社会で活躍するために学業を修めることを強く期待され、家庭に入ることが前提になっていた女子よりも、原則的に優先されてきたのです。学校は性別役割分業観が再生産される場でもありました。

しかし、女性の社会進出が進む現在、女子の四年制大学進学率も男子に並ぶようになってきました。学校の中のジェンダー・ステレオタイプに疑問が投げかけられるようになり、ジェンダー視点によるさまざまな見直しが行われるようになりました。「女に学はいらない」という物言いは徐々になくなり、女子がリーダーシップを発揮するような機会も続々と現れ、性別にかかわらず多様な個性が重視されるような教育が実践されるようになってきています。教育の場における「男子だから○○」「女子だから○○」といった固定観念に対して、すぐに疑問が呈されるようになったことは、ジェンダー問題に対する社会の大きな、かつ前向きな変化のあらわれです。

2016年4月、文部科学省はセクシュアル・マイノリティの児童・生徒に対して適切な対応をするよう、小中高校の教職員向けの手引を公表しました。その背景にあるのは、学校の中では教職員も含めてセクシュアル・マイノリティに対する理解が依然として進んでいないという現状です。性別二元論に基づいて役割や責任、服装や髪型、班分け、とるべき態度や得意な科目、進学先、さらには教師からの期待などが振り分けられていた学校文化において、セクシュアル・マイノリティの存在はごく最近まで不可視化されていました。

社会にはまだまだ固定的な性別役割分業観が根を張っており、性の多様なあり方に対しても誤解や偏見が存在しています。学校も「聖域」ではありません。一人ひとりの子どもたちが何年もの間多くの時間を過ごし、学び、成長していく学校教育の場において、生徒・学生がジェンダー・バイアスによって疎外・否定されてしまうようなことがないように、常に検証され続けていくことが求められています。

（笹川　あゆみ）

【お薦めブックガイド】

■ 木村涼子編 2005『ジェンダー・フリー・トラブル──バッシング現象を検証する』白澤社：固定的な性別役割分業観に基づいた教育から多様な個性・性のあり方を前提としたジェンダー視点の教育へとシフトする動きに対し、一部で強い反発が起きました。なぜバッシングが起こるのか、バッシングが意味・意図するものは何か、ジェンダーをめぐる現状を考えるための1冊です。

■ 高橋一郎ほか 2005『ブルマーの社会史──女子体育へのまなざし』青弓社：かつて女子生徒の体育着として全国的に着用されていたブルマーは、1990年以降、性的関心を集めるものとして消滅していきました。もともとは女性解放の象徴であったブルマーの歴史的変遷、及び体育・運動における女性の身体イメージとその意味が考察されています。

【参 考 文 献】

天野正子・木村涼子編 2003『ジェンダーで学ぶ教育』世界思想社

井谷惠子 2008「学校体育とジェンダー」木村涼子・古久保さくら編著『ジェンダーで考える教育の現在──フェミニズム教育学をめざして』解放出版社

木村育恵 2014『学校社会の中のジェンダー──教師たちのエスノメスドロジー』東京学芸大学出版会

木村涼子 1996「ジェンダーと学校文化」長尾彰夫・池田寛編『学校文化──深層へのパースペクティブ』東信堂

木村涼子・古久保さくら編著 2008『ジェンダーで考える教育の現在──フェミニズム教育学をめざして』解放出版社

行動する会記録集編集委員会編 1999『行動する女たちが拓いた道──メキシコからニューヨークへ』未來社

小山静子 1991『良妻賢母という規範』勁草書房

斉藤弘子ほか 2000『ジェンダー・エクィティを拓く家庭科』かもがわ出版

多賀太 2006『男らしさの社会学──揺らぐ男のライフコース』世界思想社

高井昌吏 2005『女子マネージャーの誕生とメディア──スポーツ文化におけるジェンダー形成──』ミネルヴァ書房

土田陽子 2008「男の子の多様性を考える」木村涼子・古久保さくら編著『ジェンダーで考える教育の現在──フェミニズム教育学をめざして』解放出版社

Gender

■04■

「家族」とジェンダー

　「家族」とは何でしょう？　家族は多くの人にとって身近な存在だと思いますが、では誰と誰がいれば家族？その構成員は正確には誰？と聞かれたら、案外困るものです。一緒に暮らしていれば家族なのか、離れていても家族なのか、家族の定義はとても曖昧です。かつては、夫婦だけでは家族とはいえず、子どもがいて初めて家族であるという考え方が多数派だったこともあります。日本ではまだこの考え方が一般的かもしれません。何を家族と考えるかは、時代や地域によっても異なりますが、結局は個人差でしょう。何をもって家族とするかは各個人によってバリエーションがあるでしょうし、それで良いはずです。従来の血縁や法律婚、異性愛を基準とした家族観に対して、国連は唯一の家族像を追求しないことを強調していますし、ユネスコ（UNESCO、国際連合教育科学機関）も家族には多様性があることを前提としています。近年では、「自分が家族と思うものが家族」という主観的家族観も広がりつつあります。

　ところで何を家族と思うかはともかく、ここで避けては通れないファクターが婚姻制度ではないでしょうか。婚姻制度に対しては多くの批判があるものの、今なお厳然として家族制度の基礎となっています。そのため、する人もしない人も無視はできない制度でしょう。そこで本章では、婚姻制度を中心に、家族とジェンダーの問題を検討してみたいと思います。そもそも婚姻制度とは何でしょう、なぜあるのでしょう。結婚は誰を守り、誰を排除するのでしょうか。

■■ 第1節 │ 結婚って何？

1．問題だらけの婚姻制度

　ここで「結婚の特権化」について考えてみましょう。多様化の時代といわれる現代にあってもなぜ多くの人が結婚にアクセスしたがるのでしょうか？　独

身が「結婚しない人」ではなく「結婚できない人」とされ、「かわいそうな人」あるいは「人間性に問題がある人」とみなされるのはなぜでしょうか？

すでに諸外国では、子どもをもつことと結婚をすることは必ずしもリンクしていません。完全に別物と捉えられている国もあります。しかしながら、日本社会においては今なお、子どもと法的婚姻はセットです。結婚をしているのに子どもがいないのはおかしいし、結婚をせずに子どもをもつのもダメ、という考え方です。これはたとえば、少子化の要因と解決策を探るための調査において、「女性の仕事、子育てと結婚時期の選択」や「未婚女性の結婚観と子育て観」などのように、少子化という子どもをテーマとしたものであるのに、そこに当然のように「結婚」が出てきている点からも窺えます（さらにこうした調査が常に女性だけを子どもとセットにしている点も問題です）。本来、生殖行為の結果である出産と、社会制度としての婚姻はまったく別物ですが、子どもについて語られる時、結婚は欠かせないファクターとなっています。

ではそもそも結婚とは何でしょう？　本来婚姻制度とは、種の再生産という生物的な保存本能に、財産相続問題などいろいろな要素が付け加えられて作り上げられた社会制度です。要するに、次世代を効率よく再生産し、その一族の財産を受け継ぐべきは誰かを明確にするための制度なのです。となると、本来的には愛情など関係ありませんし、当人同士の合意すら不要です。

現在の日本の婚姻制度の基礎は明治時代に創られた民法ですが、実はこれはとても画期的なものでした。当事者同士のみの自由意思によって婚姻が成立するとしている点できわめて近代的で、当時の欧米諸国と比べると日本は先進的であったといえます。ただ実際には**イエ制度**と結びついていたため、婚姻の自由や両性の平等が保障されてはいませんでした。戦後、婚姻法は一部変更されたものの、改めて法律婚主義が強調されます。そして日本の結婚の特徴は**夫婦同姓**にあります。つまり同姓にすることが婚姻の成立要件なのです。明治の時点ですでに法律上は男女どちらの姓を選択しても良いことになっていました。これもまた先進的だったのですが、やはりイエ制度の名残により、実際には女性の改姓が大前提でした。今でも女性の改姓が96％を占めています。というこ

58

とは、そこから生ずる不利益・不便は事実上女性が一手に引き受けているといえるでしょう。それにもかかわらず同姓を強いることは、妻は家庭に入るべき、婚家に入るべきという考え方を助長することにもなるし、女性が（誰かの妻、誰かの母ではなく）個人として社会活動をすることを妨げることにもなると指摘されています。姓が同じであることが家族の一体性を保障するものではないことは、崩壊している家庭の事例をみれば明白です。

　他にも、法律婚主義の弊害として次の事柄が挙げられます。非婚カップルの排除、非婚・未婚から生まれた子どもを正当ではない子ども、生まれてくるべきではない子どもとして扱う法律上の差別主義（**非嫡出子**差別）、女性にのみ課される**再婚禁止期間**、同性愛カップルの排除などなど。

【コラム４－１「非嫡出子」と相続差別】

　非嫡出子とは、結婚していない両親から生まれた子や父親に認知されていない子のことです。日本ではこうした出自の子どもを「正当ではない子」「生まれてくるべきではなかった子」として差別する「伝統」があります。そして永らく、非嫡出子は正当な子ではないのだから、相続上の取り分は正当な子（嫡出子）の半分にすべき、という民法上の相続差別規定がありました。2013年にこの規定は撤廃され、平等化を求める方向へ変わってきてはいます。ただし、現時点では相続差別規程が撤廃されただけで、嫡出子・非嫡出子の区別は残すべき、両者を明確に区別することは日本社会の合意事項である、というのが最高裁の判断です。世界レベルではすでに嫡出子・非嫡出子という区別自体を廃止する傾向にあり、こうした区別については、子ども自身にしてみればいわれなき差別であるとして、批判の対象となっています。そしてこの点で日本は「遅れた国」とみなされています。

【コラム４－２　女性だけの義務「再婚禁止期間」】

　日本の婚姻法では、男性は離婚後すぐに結婚できますが、女性は６ヵ月間再婚が禁止されています。これは、前夫の子どもを妊娠していないことが確実になるまで結婚すべきではない、という考え方に基づくものです。要するに、女性は跡継ぎを産むための道具でしたから、父親が前夫か今の夫かどちらかわからない子どもを

産まれては迷惑だ、という発想です。再婚禁止期間については、2015年末に6ヵ月のうち100日を超える部分については違憲であるとの最高裁判決が出され、一定の進展をみましたが、そもそも女性のみに課されていることや現代の医療の発展を考えれば、再婚禁止期間が存在すること自体が問題です。日本もそろそろ婚姻法、父性決定法理や親権法について真剣に再検討するべきでしょう。何よりも、子どもの権利のために。

2．夫婦別姓はなぜ認められないのか？

　ここでは、**夫婦別姓**や**事実婚**、**非婚**（結婚しない）について考えてみましょう。夫婦別姓主義と事実婚主義は一見似ているようですが、根本的には逆のスタンスです。なぜ夫婦別姓を望むのか、事実婚を望むのか、事情は人それぞれですが、簡単に言ってしまえば夫婦別姓を望む人は婚姻制度自体を否定しているわけではなく、制度には乗りたいけれども姓は変えたくないのです。一方、事実婚のほうは、夫婦別姓にできないため事実婚にとどまっているという人もいますが、そもそも婚姻制度自体に否定的な場合もあります。

　夫婦別姓についてみてみると、2015年末に夫婦同姓の強制は合憲であるとの最高裁判決が出されています。違憲と判断した裁判官の見解は、96％もの女性が改姓を強いられているが、なぜ女性ばかりが「名前」というアイデンティティを捨てなければならないのか、それは個人の尊厳と両性の平等を保障する憲法に反する、というものでした。けれども最高裁の最終的な判断は、夫婦同姓には合理性があり、同姓の強制は両性の平等を定めた婚姻法に反しない、また、現在では日常生活での旧姓使用が広まっており、さほどの問題とはならないというものです。この見解は、そもそも夫婦別姓の本質が理解できていないし、実は旧姓使用を認めない業界や職場もまだまだたくさんあります。

　別姓反対派にも多様性があります。「家族の一体感がなくなる」「日本の良き伝統が崩れる」「女性の社会進出が家族崩壊の原因であり、別姓の容認はさらに拍車を掛けることになる」「子どもがかわいそう」といった右派や保守派の意見は、ある意味で非常にわかりやすいものです。別姓に限らず、家族がテー

マとなる時に繰り返される一定のパターンです。しかし一方でこうしたアンチ・ジェンダー平等派とはまったく異なる立場から夫婦別姓に批判的な意見もあります。婚姻届は出さなければならないものという道徳観に多くの人が縛られている以上、**選択的夫婦別姓**の法制化によって法律婚主義が強化され、非婚カップルの排除に繋がることが懸念されます。別姓を求めることは、婚姻制度そのものには肯定的であるということであり、それは結局法律婚のバリエーションを増やすことに過ぎません。法律婚をより強固なものにすることになり、その結果婚姻制度の枠外で生きたいと願う人々の排除に繋がるという考え方です。たしかに、結婚はしたいが姓は変えたくないというスタンスと、カップルで暮らしたいが婚姻制度の枠内に入りたくないというスタンスは真逆です。伝統的な法律婚主義者からすれば、どちらも受け入れがたい制度破壊者にみえるようですが、かたや婚姻制度の枠内に納まりたいといっており、かたや制度そのものを否定しているのです。この点についてはきちんと分けて分析することが必要です。

　また、子どもを婚外子にしたくないがために出産に際しては法律婚をするという一部の別姓希望者の考え方は、事実婚や婚外子に対する差別であるという非難もあります。この点に関して、別姓希望者に対するインタビュー調査によれば、「夫婦別姓が法的に認められていないことによる不便さ・理不尽さを日頃痛感している女性たちの判断基準は、子供自身が不利益を被らないかどうかであり、婚外子や非婚カップルへの差別に荷担する意識はな」（笹川 2008：174）いという結果が出ています。

　一方、同姓・別姓以前に、そもそも婚姻制度は個人の性関係を国家が登録・管理するものであって、制度自体が愚かしい上に、登録した異性愛のカップルにのみ法的特権と経済的保護を与えるという形で、登録外のカップルやシングル、同性愛者を差別の対象としてしまっているという批判もあります。

3．セイフティネットとしての結婚と性別役割分業

　1960年代以降、夫婦共働きは一時期、家族病理として扱われていました。現

在でも、夫婦もしくは家族の安定性は、稼ぎ手である夫と専業主婦の妻によってもたらされるものであり、**性別役割分業**が正しい家族像であるとする意識が根強く残っています。このことから、今なお女性の労働は周縁化され、家事・育児・介護が女性のみの義務となっています。

　戦後、急速な産業化の中で若年単身者が大量に都会へ出て行きました。そして若者は親の介入から自由になり、結婚への家族の介入も希薄化しました。つまり結婚は当人同士の合意によって成立するようになったのです。高度経済成長期に男性労働者の収入は右肩上がりとなり、一方女性は、若いうちの数年を「職場の華」として過ごした後、結婚によって労働市場からは退き、主婦となりました。こうして性別役割分業を前提とした「近代家族」が普及していったのですが、こうした性別役割分業による近代家族体制について、社会保障制度・税制度から見た批判もあります。つまり、日本の社会保障制度には各種の配偶者控除／配偶者優遇措置があるため、実質的には「130万円の壁」を越えた共働き世帯から、専業主婦世帯（パートも含む）へと莫大な所得移転が行われているのです。そして、夫の所得が上がるほど妻の就業率が下がることから、もはや専業主婦は「豊かな男性のみが購入できる〈商品〉」であり、そのような恵まれた層に向けて、「わざわざ控除という形で税金を還元して〈補助金〉を出す」のは社会政策の観点から疑問視されています。日本の社会保障は困難に直面している人を助けるためのものではなく、そうした人たちはうち捨てて、あるいはそうした人たちから巻き上げて、困っていない人の生活を守る制度なのです。

　だからと言って、専業主婦というライフスタイル自体を否定すべきではありません。どのような選択をするかは、それこそ個人の自由です。しかしながら、性別役割分業に基づくライフスタイルを選択した人にも、それなりの負担をさせる社会保障制度に改めていかなければ、不平等と格差は拡大するばかりです。固定的な性役割に対して、徐々に批判的な意見が増えてきているものの、今なお女性の**M字型就労**が依然として維持されているのは、大正期以来の**母性役割規範**が現在でも強固であることの証明です。さらに、こうした性役割は女性に

のみ不利益をもたらすものではなく、**ひとり稼ぎ手**であるといった重圧から過労自殺に至ることを考えれば、男性の命にも関わる問題であり、性役割が男性にとっても望ましくないということをもっと真剣に考えなければなりません。

　日本のセイフティネット・システムが、人は皆結婚し家族をつくるということを前提とした、世帯単位のものである以上、生活の安定を得たいと願う女性が結婚に救いを求めるのは当然です。本来誰に対しても平等であるはずのセイフティネットから、シングルの人間はこぼれ落ちてしまう、あるいは無視されるシステムになっている以上、結婚していることはセイフティネット・システムの対象となるための大前提なのです。このように社会システムや社会保障制度が婚姻制度と固定的性役割を軸とした家族規範を基礎としている限り、事実婚カップルやシングル、ましてやセクシュアル・マイノリティには保障が行き届かないことになります。だからこそ多くの人が結婚にアクセスすることを望み、結果的に結婚が特権化されていくのです。

　本来、婚姻は有産階級を前提としたシステムです。有産階級とは、簡単に言えば、お金持ち、歴史や伝統のある階層の人たちということです。こういう人たちにとっては、その家を存続させ、財産を守ることが重大事です。そのためには「正当な形」での次世代再生産が必要になります。したがって、もともとは当人たちの愛情や信頼といったものはどうでもよく、それどころか合意も不要です。問題はその家の財産の行方であって、財産を正当に継ぐべき人間が誰かを明確にするための制度が婚姻なのです。つまり本来、庶民にはあまり関係のない制度です。庶民の場合は、なんとなく夫婦のような生活が始まったり、隣近所や共同体が認めれば夫婦誕生、といった感じで、明確な婚姻手続きがなかった時代もあります。だからこそ、「正式な結婚」は特別な人たちによる特別な制度として、ある種の正当性をもつことになり、誰もがアクセスできるものではないからこそ、憧れの対象ともなります。そして、そこから事実婚、非婚、非嫡出子への差別化が始まります。もちろん、財産を正当に継ぐべき人間が多くの場合、男子（とりわけ長男）に限定されていたことも大きな問題点です。

4．恋愛結婚と日本特有の母性主義

　日本の恋愛結婚は高度経済成長期に性役割分担を伴いながら普及したと言われています。近代家族の情緒的要素は、夫婦愛と子への愛情であるとされますが、日本では夫婦愛が希薄であり、その分母親の情緒的エネルギーは子どもへと注がれます。これが日本型近代家族の特徴とされる**母性主義**です。日本では、家族愛ではなく母性愛が強調されます。そして、母親自身が母子の一体感を「幸せな家庭」と同一視することになります。さらにこのことが、女性のM字型就労にみられるように、女性の行動を規制する規範として機能します。

　こうした母性主義については女性雑誌の影響力も挙げられています。近年、女性誌は結婚こそが女性の幸せであるという特集を盛んに組み、子どもをもって初めてわかることがある、と結婚・出産・育児の素晴らしさを繰り返し説いています。今では女性のロールモデルは夫と子どもを得ていることです。女性誌の影響については、育児雑誌の多くが、女性のみを対象としていること、すなわち育児の担当者は母親であると言っていることも指摘されています。母親のみが育児の責任者であり、その義務を果たせる女性だけが「良い母親」であると繰り返しているのです。そして子どもが幼いうちは母親が子育てをしたほうがよいというのが日本の定説です。すでに三歳児神話に合理的な根拠がないことが認められたにもかかわらず、この「子どもが幼いうちは母親が育てたほうがよい」という言説が、今なお強固であるのはなぜでしょう。この言説は単純に解釈すれば「子どもにとってよい」と受け取れますが、根強く主張される背景には、母親ではない人からも支持されていることを挙げて「母親に子育ての責任を負わせておいたほうが自分にとって都合がよい」という意味合いが含まれているという指摘もあります。特に男性の場合は、自らを子育ての責任から除外することができるからです。

【コラム4－3　三歳児神話】

　母親は子どもが3歳になるまでは育児に専念すべきである、そうしないと子どもの発育に重大な影響を及ぼし、まっとうな人間に育たない、というのがいわゆる「三

歳児神話」です。日本ではこの意識が根強いようですが、実はこれ、どこから出た話なのか、根拠が曖昧です。イギリスの精神医学者ジョン・ボウルビィの学説が根拠なのかとも思われますが、そもそも３歳とはいわれていません。生後２年程の間に、そばで恒常的な愛情を注いでくれる大人がいるのといないのとでは、その後の人格形成に違いが出る、といった内容です。そうなると父親でもよいわけですし、そもそも親でなくてもよいことになります。さらに、現在ではこの「三歳児神話」に否定的な研究が各国の学会から出されています。つまり、母親が育児に専念していようといまいと、そのことによる発育・成長の差はなく、結局のところ個人差ではないかと結論付けられています。

■ 第２節 ｜ 日本は「少子化対策」、欧米は「家族政策」？

１．合計特殊出生率

　少子化が問題になる時、その指標とされるのが**合計特殊出生率**です。合計特殊出生率とは、１人の女性（15歳〜49歳）が産む子どもの数（平均値）を割り出したものです。生まれてきた子どもがその後どうなっているのか、何年生き延びられるのかといった点については別問題ですが、とりあえず現在のところ、１国の子どもの数の増減を計るにあたって、もっとも頻繁に用いられているデータがこの合計特殊出生率です。

　毎年WHO（世界保健機関）が加盟国約190ヵ国を対象に集計をしていますが、例年およそ上位10ヵ国はアフリカ諸国で占められています（2016年現在１位はニジェールの7.6）。これらの国々はむしろ出生率の高さと、そこからくる子どもの貧困や乳幼児期の死亡率のほうが問題となっています。一方、いわゆる先進国はみな少子化傾向にあります。フランスとアメリカがやっと2.0（117位）という状況で、日本の出生率は1.4（178位）と、ドイツと並んで世界でも下位に位置しています。ちなみに、北欧諸国は福祉が充実しており、家族政策も進んでいるイメージがあるかと思いますが、こぞって1.9であり、イギリスと同じく128位となっています。そして最下位が、ボスニア・ヘルツェゴビナ、ポルトガル、

韓国、シンガポールで1.3となっています。

２．「少子化」は女性のせい？

　極端な混乱状態、内戦状態などからくる人口減少を除けば、「少子化」は先進国の特徴です。出生数減少の直接的要因としては、女性の高学歴化と社会進出、養育費の増大、医療の発展などが挙げられます。

　もともと女性の役割は出産とされており、それだけの存在である女性に教育は不要と考えられてきました。産める年になったらさっさと産めということです。したがって時代を遡るほど、出産年齢が若いのです。それが徐々に女性も高等教育を受けるようになり、教育を受ければ、社会に出て行くことにもなり、必然的に出産年齢も上がってきます。だからこそ、いまだに日本では、女性が高学歴化・社会進出したのが悪いと、少子化が女性のみの責任にされているのですが、今もってこんなことを言っているのは日本と韓国くらいのものです。

　もちろん、子どもの数が減るのは、女性だけの問題ではありません。社会が発展するにつれ、子どもそのものにお金と時間がかかるようになってきています。児童労働が当たり前とされる社会では、子どもは特別愛情を注ぐような対象ではなく、５、６歳にもなれば立派に労働力です。しかも子どもであるということで、安価に使える便利な労働力なのです。日本では高度経済成長期から、子どもに豊かな生活をさせること、高い教育を受けさせることが当たり前となってきました。１人当たりの養育費がかさめば、そうたくさんは子どもをもてません。そのため日本では、1950〜70年代に、「20代で結婚・第一子誕生、子どもは２人」というライフスタイルがパターン化しました。

　子どもそのものに焦点を当ててみれば、少子化も悪いことばかりではありません。それだけ子どもが大切にされるようになったということです。５、６歳で過酷な労働を強いられたり、貧しいからといって売り飛ばされたりすることが日常的に行われる社会が、望ましい社会とはとうていいえないでしょう。現代でも、貧しさや人権意識の低さから、幼い子どもが労働力として搾取されたり、売春や臓器を目的に人身売買の対象にされたりする国があることを考えれ

ば、子どもが子どもとして生きられる社会というのは決して悪いものではありません。その意味で、少子化は社会がそれなりに成熟した証ともいえるのです。たしかに、労働力の確保、税収など、国家の存続を考えれば子どもの数が減ることは望ましい現象ではないかもしれませんが、だからといって少子化を経済・財政の面からのみ問題視するのは偏った見方です。

3．なぜ「少子化対策」なのか

実は「少子化」「少子化対策」といった言葉は日本にしか存在しません。欧米では通常子どもや家族に関連する政策は「**家族政策**」と呼ばれます。

先にも述べた通り、子どもの数が減るという現象は先進国共通の悩みです。したがって、どこもその国なりの対策を講じており、その成果が徐々に出始めているわけですが、その際、「産めよ殖やせよ」を前面に押し出すことはしません。これでは戦時中を彷彿とさせることになるからです。もともと人類の歴史は戦争の歴史ですから、国力とはすなわち人口数でした。強い兵士になれる男性と、そういう男性を産める健康な女性が必要であり、それこそがあるべき国民の姿とされていたのです。そうした中で、当然のごとく女性たちは産むことを強制されることになります。女性の性と身体は永らく国家によって管理されてきました（その時々の社会的都合に応じて、産むことを強制されたり産まないことを強制されたりするのです）。

しかし現在の欧米では、産むか、産まないか、いつ産むかは女性自身の選択に任せられるべきだと考えられています。このような考え方を**リプロダクティブ・ヘルス/ライツ**（**性と生殖に関する健康と権利**）といいます。こうした考え方が定着している社会では、子どもの数が減っているからといって、女性に出産を強制することはしません。出生数を増やしたいならば、産みたい女性が産める環境を整えることが重要であるとされます。女性すべてではなく、あくまで産みたい女性が産める環境の整備です。だからこその「家族政策」なのです。

これに対して、日本が「家族政策」ではなくあえて「少子化対策」といっているのは、必ずしも「産めよ殖やせよ」を前面に押し出しているからではあり

ません。実は、「家族政策」と言ってしまうと、母子手当や児童福祉をイメージされるのではないか、そうすると日本のような社会では母親だけに関わる問題と捉えられてしまうのではないか、という懸念からだったのです。そうではなくて、国民全員に関わる社会問題なのだ、という意味であえて「少子化対策」としたのが発端です。つまり当初は、女性だけの問題から、男女双方に関わる問題として捉え直そうとしていたのでした。しかし残念ながら、現実的にはいまだに子どものことは女性のみに関わる問題とされ、女性のみに帰されている感は否めません。ようやく男性の育休取得率や長時間労働などが問題視されるようになってきたものの、いまだに「子ども」と「女性」はセットであり、結果「産めよ殖やせよ」色が欧米よりも色濃く出てしまっています。

4．「少子化」は女性の責任？

　出生率低下を懸念するあまり、子どもに関する政策は今やなんでもかんでも少子化対策の一環となってしまっています。たとえば本来、障害児の療育は子どもとその親を対象、周産期医療の整備は女性と子どもを対象とした福祉政策としてなされるべきものなのですが、日本ではこれも「少子化対策」の一環です。つまり、少子化だから力を入れましょうということで、これでは少子化でなければやらない、ということになってしまいます。

　もともと日本はさほど福祉に関心の高い国ではありません。とりわけ、子どもの福祉には無関心です。日本の福祉予算が先進国中最低ランクであることは折々指摘されていますが、その少ない予算は高齢者福祉部門に偏重しています。近年やたらと子ども、子どもといっているのは、子どもの人権や福祉を真剣に考えているというよりは、とにかく頭数を増やしたいという観点からであり、本質的にはいまだに子ども自身の権利は考えていないあたりも問題です。

　同様に、近年政府は「女性が輝ける社会」と聞こえのよい文言を繰り返していますが、これもまた女性の基本的人権に配慮してのことではありません。2007年、当時の厚生労働省大臣が「女性の数は決まっている。産む機械、装置の数は決まっているから、あとは一人頭でがんばってもらうしかない」と発言

して、さすがに批判を浴びましたが、そもそもこのような発言が公の場でできてしまう日本社会の風土自体に問題があるのです。「女は国家のために子どもを産む機械であり、文句を言わずに産めばよい、そして産んだ以上は女が責任をとれ」ということなのですが、この発言から10年を経た現在、果たしてどれだけ日本政府と社会は変わったのでしょうか。

　前項で、欧米ではたとえ出生数低下を問題視したとしても、人口政策を前面に押し出すことはないと述べましたが、そんな中、例外的に出生率回復を正面から目指したのがフランスです。その甲斐あってか、EU加盟国の中で最初に出生率を回復させたフランスですが、だからと言ってフランスも今さら女性たちに家庭に入り出産・育児に専念することを強制したわけではありません。もともとフランスはなかなかの女性蔑視大国なのですが、今では女性が社会進出と出産を両立できるように、そもそも男女ともに仕事と私生活を両立できるように社会体制を創り変えました。今や、女性にとって子どもをもつこととキャリアをあきらめることはイコールではありません。

　そして、重要なのが、どのような状況であれ、子どもが差別されないという点です。シングル家庭の子どもであっても、再婚家庭の子どもであっても、事実婚家庭の子どもであっても、養子であっても、いずれにしても大人の選択の結果であって、それは子どもには関係ありません。当然ながら、嫡出子/非嫡出子といった区別もありません。この点が、出自・家庭環境を理由に子どもの法的・社会的地位に差別があってもいたしかたない、とされている日本とは大きく異なります。日本の場合、子どもを増やしたがる一方で、シングル・マザー家庭の現状や、親と一緒に暮らせない子どもの状況には無関心です。シングル・マザーが貧困にあえいでも、シングルなのが悪い、そんな家庭の子どもなのだからしかたがない、と当事者も社会も納得してしまうのです。また子どもを増やしたがる割には、「結婚をし、両方の血を引く子どもを育てる家庭」だけが想定されており、一方で親から捨てられてしまう子どももいるのに、養子制度や里親制度のほうはなかなか整備が進みません。これでは、あるべき子どもと生まれてくるべきではない子どもがいると言っているようなものです。

女性が社会進出したのが悪い、子どもを産まないのが悪い、女がわがままだ、と言ってしまえば話は簡単ではありますが、そう言い続けている限りもはや子どもは増えません。もちろん、どこの国にも過渡期においては、子どもにまつわる事柄をすべて女性だけの責任にしていた時代があります。しかし現在出生率が回復傾向にある国々は、そうした考え方を捨てて、産みたい女性が産める社会を創ろうとしているし、もはや出産・育児を女性だけの問題とはみなしていません。そもそも日本でも、子どもをもちたいと考えている人の数が減っているわけではありません。子どもをもちたいと思っている人のほうがあいかわらず多数派なのに、経済的事情をはじめ、さまざまな理由であきらめねばならない点が問題なのです。

■ 第3節 │ 育休とハラスメント

　子どもをもつことの困難さについて考えた時、無視できないのがこの国の**育児休業**の有名無実化です。産休はともかく、育休については法律上性別の限定はありません。にもかかわらず、事実上取得しているのは女性であり、男性の取得率は現在2％強、しかもその日数平均は5日です。たかだか5日でいったい何ができるというのでしょうか。

　政府は男性の育児休暇取得率を、2020年までに13％まで引き上げることを目標としています。きわめて低い目標値ですが、それすら達成が危ぶまれています。「女性が働き続けられる社会」は政府の成長戦略の一つであり、その実現のためには男性の育児参加が必須であることは、一応建前上打ち出されてはいます。しかし、日本における男性の価値、男らしさは、いかに私生活を削って企業に人生を捧げられるかで決まります。そのため男性が育休を取得しようとすると、いわゆる**パタハラ（パタニティ・ハラスメント）**に遭うことも珍しくありません。男性が育休あるいは時短勤務、フレックス勤務を申請すると、「男のくせに育休なんて」といった批判や暴言にさらされる例が報告されています。こうした傾向は、旧態依然とした男性優位の業界でとりわけ強く、男性の育休

取得を強固に阻み、遅々として進みません。

　では、女性ならば育休取得が保証されているかと言えば、こちらも危うい状況です。女性は女性で根強い**マタハラ（マタニティ・ハラスメント）**にさらされています。日本の企業風土は基本的に既婚女性を雇うことに消極的です。家庭責任を負う（べきとされる）女性は、「男性並み」に働かせることができません。簡単に言ってしまえば使い勝手が悪いのです。家庭のある女性や子どもを産もうとする女性は、企業にとってはあまりありがたくありません。したがって、妊娠がわかると退職を迫られることになります。これはこれで企業の側にも言い分はあります。出産後も仕事を続ける女性は3割に満たない現状ですが、育休を取得したあげく、明けると同時に退職されたのでは、企業にとってはコストでしかありません。また、復帰したとしても、子どもの学校行事や病気のたびに遅刻・早退・欠勤をされるのでは、その労働者を雇用していることはマイナスでしかありません。

　しかし、これはそういう女性労働者が悪いのでしょうか。なぜ育休明けに退職するはめになるかといえば、子どもを預ける先がないからです。子どもの数そのものは減っているにもかかわらず、その一方で、2000年代に入って以降、待機児童問題は年々深刻化しています。保育園とは本来「日中面倒をみてくれる大人のいない幼児」を対象としています。そのため、育休中は対象外にされてしまったりします。しかし、育休中に保育園が決まらなければ、結局職場復帰はかなわず、退職を余儀なくされます。また、子どもの学校行事や病気のたびに女性が仕事を調節しなければならないのも、個々の女性の自己責任とはいえません。そもそも育児は母親の役割・責任とされている日本では、子どもに何かあった際にまず連絡が行くのは母親であり、そこで「仕事があるので行けない」といった場合、男性なら許容されても女性は「母親のくせに子どもより仕事を優先した」と批判されます。しかし、仕事より子どもを優先すれば企業からは「これだから女は使えない」と評価されることになります。

　これらは正規雇用を前提とした話ですが、これが非正規雇用ともなれば、事態はより深刻です。法律上は、育児介護休業の対象者は正規雇用限定ではあり

ません。しかし、有期限で雇用されるパートタイマーや派遣労働者のような非正規雇用の場合、実際には育休は保障されません。雇う側にとっては、最低賃金で安価に雇え、不要になったらすぐに契約を打ち切れるのが非正規雇用の魅力であって、その非正規雇用労働者にわざわざ育休を認めるメリットはないのです。さらに、非正規雇用という身分で子どもを保育園に入れることがまたなかなか難しいのです。現在では身分は「パートタイマー」でも、実質的には労働時間の長さも責任の重さも正規雇用と変わらない「フルタイム・パートタイマー」というおかしな状況が出現しています。あるいはパート勤務を２つ３つと掛け持ちしていることも珍しくありません。しかしあくまで身分上は「パートタイマー」（労働時間が短い）であるため、それを理由に入園資格なしとされることがあります。「パートタイマーなのだから保育に欠ける状態ではない」とみなされるのです。こうして女性は第一子出産前後には７割が無職という結果になってしまいます。

　こうした社会構造自体を変えないことには、とうてい出生率上昇は望めません。また、育休は労働者の権利であるという点をもっと国も企業も労働者自身も自覚すべきですが、同時に、何よりも親や面倒をみてくれる大人といることは子どもにとって当たり前の権利なのだということを考えるべきでしょう。

　ところで、北欧の育児休業制度では、全体のうち母親と父親がそれぞれ取得すべき日数が決められており、残りの部分についてはどちらがとってもよいとされています。これは国家による私生活への干渉ではあります。男なのだからこうしなければならない、女なのだからああしなければならない、そこから外れる人間はおかしい、おかしいのだから切り捨ててもよい、差別して当然という社会はたしかに間違っているでしょう。各人のライフスタイルは他者や世間といったものから規定され強制されるべきものではありません。しかし多様性というならば、家庭も稼得も夫婦で平等に分担するのか、性別役割分業に則って分担するのかは、それこそそれぞれのカップルの自由です。育児はすべて母親が引き受ける、父親は稼ぐことに集中するという選択もまた多様性の一つとして認められるべきでしょう。おそらくそんなことは北欧諸国もよくわかって

います。それでもなお日数を規定しているのは、そうでもしなければ結局のところ性別による偏りが生ずるからであり、苦肉の策なのです。そして実際、そうしたある意味では力業によってジェンダー平等が達成されつつあることも事実です。

■■ おわりに

　最後に、出生率が改善しつつある国と景気が回復しつつある企業には共通の特徴があることを指摘しておきたいと思います。①女性のキャリアが保障されている（賃金・身分格差がない）、②男女ともに仕事と家庭を両立させることが当然の権利とされている（男性も労働時間短縮や育休取得が当たり前）、③少子化を男女双方に関わる事柄として捉えている、④結婚を出産の前提としない（嫡出子/非嫡出子という考え方をしない）、⑤意思決定機関・管理職のジェンダー・バランスがとれている、などです。

　女性が出産のためにキャリアをあきらめずにすむ社会、男性が定時に家に帰れる社会、両親の婚姻の有無や、二人親か一人親かを問わない社会（もっと言えば異性か同性かを問わない社会）は子どもが増えるし、性別によらず能力を発揮できる社会は景気も回復するのです。日本が今すぐ変わることは難しいでしょう。とりわけ、「子どもはちゃんと結婚をしてから産むべき」という考え方はきわめて強固です。しかし、出生数を増やし、経済も回復させたいと願うのであれば、日本社会ももう少し諸外国の例に目を向けて、意識変革をする必要があります。少なくとも、あれはだめこれはだめといって他者を切り捨てる社会に明るい未来はありません。

（北原　零未）

【お薦めブックガイド】
■　二宮周平ほか 2014『ジェンダー法研究 創刊号』信山社、二宮周平 2013『家族法』新世社、など。：家族法・家族制度について常に鋭いジェンダー分析が行わ

れています。とりわけ、著者は、日仏の事実婚およびその子どもの法的・社会的
位置づけの分析に関する大家です。

■　**市川ジュン漫画作品**：多作の作家ですが、いずれも常にジェンダー問題が意識
されています。深刻なものから軽いもの、時代物から現代物までジャンルは幅広
いのですが、特に堅苦しい面はなく、楽しく読めます。筆者の個人的オススメは
『懐古的洋食事情』シリーズ。ジェンダー問題のみならず、日本に洋食が入って来
たときの人々のとまどいや好奇心、トンデモ誤解などなど楽しいシリーズなので、
食べることが好きならぜひご一読を!

■　**京極夏彦 京極堂シリーズ**：ジェンダー系作家、フェミニスト作家という位置づ
けにはなっていないと思いますが、シリーズ全体を通じて折々ジェンダー的なテー
マが出てきます。ただ、残念なことに映画や漫画はそういった要素が削り落と
されてしまっていることが多いので、ぜひ原作のほうを読みましょう。とにかく
漢字が多い、言葉が難解、蘊蓄が長い、何よりむやみに分厚い、と四重苦のよう
なシリーズですが、不思議な魅力があり、読み終えれば達成感があります。

【参 考 文 献】

朝日新聞学芸部 1989『家族 何が病んでいるのか』朝日新聞社

井上眞理子編 2010『家族社会学を学ぶ人のために』世界思想社

上野妙実子・林瑞枝編 2007『ジェンダーの地平』中央大学出版部

太田武男・溜池良夫編 1986『事実婚の比較法的研究』有斐閣

『性教育実践のためのキーワード51　季刊Sexuality』72号 2015 エイデル研究所

北九州市立男女共同参画センター「ムーブ」編 2010『ジェンダー白書7 結婚 女と男の諸事
　　情』明石書店

北原零未 2011「フランスにおける婚姻とコンキュビナージュ」『中央大学経済研究所年報第
　　42号』中央大学出版部

北原零未 2014「フランスにおける同性婚法の成立と保守的家族主義への回帰」『中央大学経
　　済研究所年報』第45号　中央大学出版部

笹川あゆみ 2007「夫婦別姓賛成派内の多様性──法改正推進運動はなぜ盛り上がらないの
　　か」『ジェンダー研究』第10号　東海ジェンダー研究所

笹川あゆみ 2008「夫婦別姓法律婚を願う女性の意識調査——夫婦別姓希望者は「保守的」
　　か？」『国際ジェンダー学会誌』第6号　国際ジェンダー学会

齊藤豊治・青井秀夫編 2006『セクシュアリティと法』東北大学出版会

永井暁子・松田茂樹編 2007『対等な夫婦は幸せか』勁草書房

中野知律・越智博美編 2008『ジェンダーから世界を読むⅡ 表象されるアイデンティティ』

日仏法学会編 2003『日本とフランスの家族観』有斐閣

丸山茂 2005『家族のメタファー ジェンダー・少子化・社会』早稲田大学出版部

三浦信孝編 2001『普遍性か差異か——共和主義の臨界,フランス』藤原書店

宮本悟編 2016『フランス——経済・社会・文化の実相』中央大学出版

目黒依子・矢澤澄子編 2000『少子化時代のジェンダーと母親意識』新曜社

善積京子 1997『〈近代家族〉を超える——非法律婚カップルの声』青木書店

朝日出版社HP　http://www.asahipress.com

経団連　https://www.keidanren.or.jp/policy/2015/037_honbun.pdf

厚生労働省　http://www.mhlw.go.jp/wp/hakusyo/kousei/13/dl/ 1 -02-2.pdf

裁判所Webサイト　「平成26年（オ）第1023号 損害賠償請求事件 平成27年12月16日 大法廷
　　判決」全文（http://www.courts.go.jp/app/files/hanrei_jp/546/085546_hanrei.pdf）

毎日新聞　http://mainichi.jp/articles/20151217/ddm/001/040/163000c

リクルート　http://bridal-souken.net/data/ra/renaikonkatsukekkon2015_release.pdf）

Gender

■■05■■

ＤＶとジェンダー

　ジェンダーの問題を考える時に避けて通れない深刻な問題の一つが暴力です。男性と女性の間で起こる暴力事件の場合、被害者の多くは女性です。「女性が1人で夜道を歩くのは危ない」とよく言われますよね。女性が暴力・性暴力の被害者になることを心配している言葉です。しかし、暴力行為は家の外だけで起こっているわけではありません。誰かが殺されたり傷つけられたりした時、一番激しく怒ったり悲しんだりするのは家族であると多くの人々は思うでしょう。しかしながら、その家族の中で暴力事件が起きてしまうことがあるのです。警察庁によれば、配偶者からの暴力事案等の相談件数（2015）における被害者の性別割合は、女性88.0%、男性12.0%です。なぜ、家庭内で（主に）女性が暴力の犠牲となってしまうようなことが起こるのでしょうか？

■■ 第1節 │ 可視化されたドメスティック・バイオレンス ■■

　この章では、特に女性が被害者となる**ドメスティック・バイオレンス**（以下、「DV」）に焦点を当てます。DVとは、主に夫や恋人という、女性にとってもっとも親密な関係と考えられている男性からの暴力を指すことが多いです。「配偶者等からの暴力」という言い方もあります。ドメスティックは「家庭内」という意味ですから、親子間の暴力を意味する場合もあるし、妻から夫への暴力、同性のパートナー間の暴力を意味する場合もあるでしょう。一般的に、家族や夫婦は愛し合い助け合う関係であると考えられています。したがって、家庭内という、ある種の閉鎖的な空間は、プライベートな心地良い空間であると思われています。そこで暴力が起きるなどとは想定されていないので、外部からDVに気付くことは非常に難しいのです。

DVが絡む事件は年々増えていると言われています。たとえば、警察庁生活安全局（2016）が公表しているデータによれば、DVに関する相談件数は、2002年（DV防止法施行の翌年）は14,140件でしたが、2015年は63,141件まで増えています（ただし、法改正を受けて、2015年は「生活の本拠を共にする交際をする関係の暴力事案」も含めています。法改正前の「配偶者からの暴力事案」に限定すると53,915件です）。しかし、警察への相談件数が増えているからといって、実際の暴力件数が増えているかどうかは疑問です。

　夫が妻を殴るといった家庭内の暴力が問題だと認識されるようになったのは、ごく最近のことです。夫が妻に暴力を振るうようなことは、昔からいくらでもありました。しかし、警察が介入するような「犯罪」ではなく、単なる「夫婦ゲンカ」であると捉えられていたのです。「夫婦ゲンカは犬も食わぬ」ということわざがあります。これは、「夫婦ゲンカの原因はどうせたいしたことがないし、すぐに収まるのだから他人が口をはさむ必要はない。放っておけばよい」といった意味です。夫が妻を殴ったとしても、「夫婦には夫婦の事情があるだろうし、単なる夫婦ゲンカなんだから警察沙汰にするようなことではない」と思われていたのです。そもそも、警察や裁判所も、殺人や瀕死の重傷といったことでもなければ、「夫婦ゲンカ」程度では相手にしてくれませんでした。

　たしかに夫婦間のもめ事のすべてがDVというわけではなく、単なる「夫婦ゲンカ」の場合もあるでしょう。しかし、「繰り返して暴力が振るわれ、相手に言うことをきかせるために暴力が使われるような」、「人格を傷つけ、暴力をとおして相手と関わることが常態となっているような」（中村　2001：39）状況はDVです。

　また、殴られる妻にも問題があるといった考え方も根強くありました。ここに大きくジェンダーの問題が絡んできます。「家族のリーダーは夫で、妻はそれに黙って従う」という昔ながらの主従関係が夫婦のあるべき姿であり、その夫に従わなかった妻は夫から怒られても仕方がないという考え方が、社会的に容認されていたのです。

女性が犠牲となるDVは、「男はこうあるべし」「女はこうあるべし」という
ジェンダー規範が極端な形で現れた深刻な問題であり、その背景には、女性を
男性の支配下に置くことによって慣習や社会の制度が成り立ってきたという歴
史的な経緯があります。そして現代、DVはようやく解決すべき深刻な問題で
あると認識されるようになったのです。

■■ 第2節 │ 国際的に問題視されている女性への暴力 ■■

　国際的によく知られ、その根絶が急がれているにもかかわらず、いまだ多く
の悲劇を生み出しているDV問題があります。どうして根絶が難しいのか、い
くつかの事例を通して考えてみましょう。

1．名誉の殺人

　中東や南アジアなどで、**名誉の殺人**という重大な犯罪がしばしば発生してい
ます。名誉の殺人とは、女性が父親の知らない男性と恋愛したり、親が決めた
結婚相手を拒絶したり、父や夫の言うことに従わなかったりした場合に、「家
族の名誉を汚した」として家族によって殺されるという風習です。こういった
地域では、基本的に女性が交際相手や結婚相手を自分で選ぶという考え方はあ
りません。さらに、未婚の女性が家の外で家族の知らない男性と話をしたり、
目が合ったりしたというだけでも、「名誉を汚された」ということで殺害の対
象になってしまうことさえあります。

　家族会議で殺す方法を決め、父や夫、兄弟といった家族によって実行されま
す。火をつけられたり、殴られたり、斧で襲われたりといった、目を覆いたく
なるような殺され方があります。また、家族だけでなく、部族の長老などが
「部族の名誉を汚した」ということで、離婚を望む女性などを殺害するケース
も多く報告されています。犠牲者の多くは女性ですが、好きな女性と駆け落ち
をした男性が殺される場合などもあります。

　国連によると、名誉の殺人は年間5,000人もの犠牲者を出しているというこ

とですが、おそらくこれは氷山の一角に過ぎません。家族や親族がかばいあう
ことも多く、事件が明るみに出ることが少ないのです。さらに、たとえ明るみ
に出たとしても、地域社会は殺人の実行者を家族の名誉を守る「英雄」として
扱うので、警察さえも見て見ぬふりをすることが珍しくありません。実際の犠
牲者数をデータとして出すことは、大変困難な状況です。

　2016年7月、ソーシャルメディア上にセルフィー（自撮り写真）や動画を載せ
ていたパキスタンの20代の女性が、兄によって「名誉を守るため」に殺されま
した。彼女はSNS上に自分の写真や動画を数多く投稿し、その中には肌を少々
露出したものもあり、ネット上でよく知られていました。両親は娘の死を嘆き
悲しみましたが、兄は妹が「家族の名誉を汚した」と考え、殺害後に逮捕され
ましたが「後悔はしていない」と開き直っているようです。急速にグローバル
化やICT化が進んでいる現代社会ですが、一方でこのような女性差別的な意識
や因習が根強く生き残っているのです。

2．ダウリー殺人

　ダウリーとはインドの慣習で、金銀製品や家財道具などの結婚持参金品を指
します。インドの結婚は、新郎側から新婦側の家族に多大な金銭的負担が課さ
れることがよくあります。もともとダウリーは、インド北部の比較的裕福な階
層の人々の間で行われていた慣習だったそうですが、今では全国的に広がって
いるようです。また、要求される金品の額が上昇する傾向にあり、自分の年収
の何倍ものダウリーの支払いに苦しむ花嫁の父親が多くいます。

　さらに深刻なのは、「ダウリーが十分でなかった」と夫やその親族に言いが
かりをつけられて、毎年何千人もの女性が殺されてしまう**ダウリー殺人**の横行
です。殺されなくても、重傷を負って実家に逃げ帰る女性もいます。インド政
府は1961年にダウリーを禁止する法律を制定しました。しかし、慣習の力は強
く、根絶への道は絶望的に遠いようです。

　ICT産業の発展など近年の経済成長に伴って、インドでは都市を中心に学歴
が高く経済力もある中間層が急激に増えています。インド全体で見れば少数で

第5章　ＤＶとジェンダー　70

あるとはいえ、大学を卒業して専門職に就く女性も次々に登場しています。都市の知識階級では、ダウリーを拒否する人たちも出てきています。

　しかしながら、一方で、知識階級であってもダウリーを支持する人たちもいます。たとえば、学歴も高く経済力もあるエリートの地位を占めている父親にとって、娘の結婚で多額のダウリーを支払うことは、自らの経済力の高さや社会的パワーの強さを誇示する良い機会でもあります。因習とは、一般的に「昔からのしきたりだからと無知な人々が続けているだけ」と思われることが多いですが、必ずしもそういうわけではないことも、根絶の難しさに繋がっています。

3．女性性器切除 (FGM)

　アフリカや中東、アジアの国々の一部に、女性性器切除という残酷な風習があります。UNICEF（国際連合児童基金）によれば、少なくとも30ヵ国2億人の女性がFGMを経験しており、そのうちの4,400万人が15歳未満の少女です（UNICEF　2016）。

　FGMはfemale genital mutilation（女性性器切除）の略語です。女性性器の一部をカミソリや石、ナイフなどで切り取ったり、縫い合わせたりする風習で、早くは生後数週間から遅くは初潮が始まる前の少女までに施術されます。これは清潔な医療機関で麻酔をかけて行われる医療行為ではありません。施術に使われる刃物はさびていることも珍しくありません。少女たちは説明も受けずに施術が行われる小屋に連れていかれたり、地域で行われるお祭りでFGMの儀式が行われたりと形式はさまざまですが、いずれにせよ女性の身体及び精神に深刻な損傷を与えます。なお、施術を行うのは、助産師や母親など、部族、地域社会の女性たちです。

　当然、施術を受ける女性はすさまじい苦痛を味わいます。また、尿道まで傷つけて排尿困難になったり、傷跡が化膿して何日も苦しんだり、大量の出血により死亡したり、さらにエイズなどの感染症を引き起こしたりします。婚姻後の性行為は激痛を伴い、またFGMが原因で難産になることも多く、女性の身

体を一生にわたって苦しめるのです。

　FGMは女性の純潔や男性への服従を象徴しています。性的な快楽を得ることは男性だけの特権であり、女性には許されていないのです。FGMを受けていない女性は「ふしだら」であり、結婚相手としてはふさわしくないとされてしまうので、親は娘にFGMを受けさせてしまうのです。

　FGMが行われている国々でも、その廃絶を願う人々や女性団体が数多く活動しています。娘にFGMを受けさせない親もいます。ケニアなど、FGMを禁止する法律を制定した国も出てきています。国連はFGMを少女や女性に対する重大な人権侵害であるとして、2030年までにFGMを根絶するという目標を立てています。

４．構造的な問題である女性への暴力

　以上の事例からわかるように、家族や親族、さらには地域社会の中で行われている女性に対する暴力は、単に個々の家庭の問題に過ぎないということではなく、**構造的な問題**であるということを認識する必要があります。構造的というのは、簡単に言うと社会の仕組み、枠組みです。女性の自立や主体性の否定が社会の大きな枠組みとなっている場合、その枠組みに沿ってさまざまな慣習・制度・ルールなどが作り上げられてしまうので、表面的な修正程度では根本的な解決とはなりません。

　また、こういった暴力問題の共通点としては、まず、当事者たちに「暴力」という認識がないということがあります。世代から世代に受け継がれている伝統・文化・慣習として捉えられており、ましてや「犯罪」などとは考えられていないでしょう。

　さらに、ここで考慮しなければならないもう一つのポイントは、**家父長制**の問題です。家父長制とは、家長権を有する男性が、家族や一族を統制・支配する家族形態のことです。特に年長の男性に、家族に対する事柄に関して絶大な権限を与えている制度であり、基本的に家長権は息子（特に長男）が世襲的に継承していきます。

第5章　ＤＶとジェンダー　*81*

この家長権には、「悪いこと」をした家族のメンバーに対する制裁の権限も含まれている場合があります。たとえば、罪を犯した子どもを警察に突き出すのではなく、家庭内で処罰を与えるのが家長の責任の一つであるという考え方です。「名誉」を守るために娘を殺したり、FGMを受けさせたりするのも、家長の責任といった捉え方なのです。

多くの社会では、基本的に家長権は女性には与えられません。娘は父に従い、妻は夫に従うことが当然とされます。家父長制が強固に存在する男性優先社会においては、女性は男性に従うことが社会の規範であり、女性自身が判断・決定することはタブーとなります。つまり、「男が上で女が下」「男が主で女が従」が社会秩序の根本であり、社会の規律を守るためには女性の意志は封じ込めておかなければならない、家長や族長といった男性の監視下に置いておかなければならない、というわけです。かなり偏った考え方なのですが、それでも昔ながらの伝統であるというだけで、多くの人に対して説得力をもちます。

もちろん、こういった風習が根強い社会や文化でも、命がけで娘を守ろうとする父親や家族もいます。しかし、たとえば、家の外で男性と対等に意見を言い合っている娘に制裁を加えない父親は、他の家族や親族、地域社会から家長失格とみなされてしまう危険性があります。父親も娘と同じく、守るべき社会的・文化的・宗教的規範から逸脱しているとされ、父親まで部族や地域社会からの制裁の対象になってしまう可能性もあります。

■ 第3節 | 日本におけるDVの問題

前節で紹介した海外のDVの事例に対して、皆さんはどう感じましたか？「世の中には信じられないようなひどい文化があるなあ。ああ、日本に生まれてよかった」と思いましたか？

たしかに、日本では名誉の殺人なんて聞いたことがありませんよね。父親の知らないボーイフレンドと遊びに行く女子大生なんて、ごくフツーにいますし、だからって「家族の名誉を汚した」といって殺されることはないでしょう。そ

もそも、家族であろうと殺人は殺人であり、「家族の名誉を守った英雄」だなんて、家族も親族も地域社会も、誰も思わないでしょう。

　では、DVは、日本ではまったく起こっていないのでしょうか？　残念ながら、そうではありません。名誉の殺人やダウリー殺人、FGMといった慣習がない国だから家族間の暴力はない、ということではないのです。前述したように、夫が妻に暴力を振るうといったDVは日本でも昔から深刻な問題でしたが、それが「暴力」「犯罪」として意識されるようになったのは割合最近のことです。海外のDV事例と似たような構造的問題は、日本にも存在しているのです。

1．日本における家父長制

　日本の家族のあり方も、家父長制の影響が強くあります。かつて日本には**イエ制度**という家族制度がありました。イエ制度は1898（明治31）年に制定された民法によって規定されており、**戸主**（家長）に家族の統率権を与えていました。日本の家族は、法的に戸主を家長としたグループ（世帯）として戸籍に登録されていました。家族がどこに住むのか、子どもが誰と結婚するのかなど、家族に関するあらゆる決定は戸主が下すとされていました。戸主の資格と権利、財産は、家督相続によって長男に継承されていきました。戸主だった夫が若くして亡くなった場合でも、妻が戸主になるのではなく幼い長男が引き継ぎました。

　イエ制度では、夫婦のあり方は対等ではありませんでした。妻は結婚により夫の家に入り、夫の親に仕えることが嫁としての重要な役割でした。また、妻は法的に「無能力者」とされ、夫の同意なしには法律上の行為をすることができず、子の親権も夫のみにありました。子どもは夫（家長）の家に所属しているので、離婚した場合は妻は子どもを置いて出ていくしかありませんでした。また、夫は妾をもつことが許されていましたが、妻には「姦通罪」が適用されました。

　第二次世界大戦後に新しく日本国憲法が誕生し、第24条で夫婦の平等がうたわれました。憲法に準拠してイエ制度は廃止され、妻も自分の財産を所有し子どもの親権をもち、離婚の際の財産分与の権利も保障されるようになりました。

第5章　DVとジェンダー　*83*

法的に戸主という名称も消えました。しかし、戦後も残った戸籍制度には、消えた戸主の代わりに**戸籍筆頭者**が世帯の代表として登録されることとなり、「家長」の概念が民法からきれいさっぱり消え去ったとはいえません。

　イエ制度は家父長制度の一種ではありましたが、中東などに存在する、家族への制裁権も含めるといった制度に比べると、家長の権限はそこまで強くなかったと思われます。しかし、家族内のリーダーは男性であり、女性は夫や父親に従属するものという考え方には共通性があり、性別間の主従関係を基盤としている点は似ています。

【コラム5-1　イエ制度の名残】

　法律上は70年以上前に消え去ったイエ制度ですが、「家を継ぐのは長男」といった考え方は今でも珍しいものではありません。今の民法では、長男だろうが末っ子だろうが、娘だろうが息子だろうが、親からの財産相続権は平等に与えられています。「親の財産を継ぐのは長男だけ」というイエ制度はすでにないのに、親族から「長男なんだから親の面倒見て、実家のメンテナンスして、お墓の世話もしてね」と、「家督相続者の義務」だけ一方的に負わされるとしたら、現代の長男は大変です。

　また、イエに所属するということは、同じ名字になるということでもありました。戦前の結婚は、基本的に女性が男性のイエに「嫁入り」したので、そのまま夫の家の名字となりました。イエを継ぐ男子がいない場合は、娘に婿をとって妻方の名字になってもらい、婿に家督を継がせました。名字を継いでいくことは、継承を重んずるイエ制度にとって非常に大事な要素だったのです。

　名字に関しては、戦後の戸籍制度は戦前のシステムを踏襲しています。一つの戸籍に登録されている人たちは、戸籍筆頭者の名字を共有しなければなりません。日本の法律では、夫婦は一つの戸籍に登録しますので、名字を統一しなければなりません。婚姻届には、結婚後の名字を夫側にするのか妻側にするのか、どちらか選ぶ項目があり、現在でも96%の夫婦が夫の名字を選んでいます。夫が戸籍筆頭者（家長）となるのが夫婦のあるべき形という規範意識が、まだまだ強いことがわかります。

　現代社会では、結婚後も仕事を続ける女性も珍しくなく、また仕事のみならずさまざまな社会活動に参加している女性も多くいます。女性が名刺を持つことも当たり前となりました。未婚、既婚にかかわらず、同じ名字でずっと活躍していきたいという女性も出てきました。そこで、一つの戸籍に登録していても、別の名字を名

乗ることができる**選択的夫婦別姓制度**の導入を求める声が、年々高まっています。しかし、高齢層を中心に「家長である夫の名字に妻が合わせるべし」といった反対論が根強くあります。ここにもイエ制度の名残が見られます。

２．日本におけるDVの実態と形態

　長い間不可視化されていたDVですが、ようやく2001年に「配偶者からの暴力の防止及び被害者の保護に関する法律」（DV防止法）が制定・施行されました。法律の制定により、配偶者間であったとしても暴力は犯罪であると公に認められるようになりました。DV防止法の目的は、配偶者からの暴力の防止と被害者の保護です。「配偶者」となっていますが、すでに離婚している「元配偶者」や、法的な結婚をしていない事実婚のパートナーも含まれます。

　一口にDVといっても、具体的にどのような行為が暴力だとされるのか、詳しく見てみましょう。一般的にDVには次の三つの形態があるとされています。

（１）身体的暴力

　一般的に「暴力」というと、まずは身体的な暴行を意味することが多いでしょう。殴ったり蹴ったりなど、身体に対して直接行われる暴力行為を指します。平手で打つ、殴る、足で蹴る、足で払う、首を絞める、腕をねじる、髪の毛をつかんで引きずり回す、物を使って叩く、胸ぐらをつかんで壁にぶつける、といった行為が報告されています。

（２）精神的暴力

　たとえ直接的に身体的な暴力を与えなくても、精神的に追い詰める暴力の形態もあります。繰り返し相手の心を傷つけて、ひどい場合は、PTSD（心的外傷後ストレス障害）やうつ病を発生してしまう場合もあります。執拗に悪口を言う、行動を監視する、他の家族や友人との付き合いをやめさせる、バカにする、大声でわめき散らす、生活費を渡さず仕事も妨害する、子どもや実家の親に危害を加えるふりをする、身体的な暴力を振るうふりをする、大切にしているものをわざと壊したり捨てたりする、といった行為が報告されています。

第5章　ＤＶとジェンダー　*85*

（3）性的暴力

　夫婦やパートナー関係には性的関係が重要ですが、たとえ夫婦であっても、相手が嫌がっているのに強要してはダメです。嫌がる相手に暴力を振るって性行為を強要するという性的暴力は深刻な問題です。その他にも、避妊に協力しない、中絶を強要するといった事例が報告されています。実質的に夫婦関係が破綻している上に、嫌がる妻に暴力で性行為を強要したりした場合、婚姻関係にあっても強姦罪が成立することもあります。

　以上の形態は単独で起こることもありますが、重なっている場合も多々あります。また、上記では精神的暴力に含めた「生活費を渡さない」「外で働くことを妨害された」「貯金を勝手に使われた」といった暴力を、**経済的暴力**という別のカテゴリーにまとめるという分け方をする場合もあります。内閣府男女共同参画局が行った「男女間における暴力に関する調査」（2014年度調査）によると、どの形態であれ、配偶者などから暴力を受けたと回答した人は、女性が23.7％（「何度もあった」9.7％、「1、2度あった」14.0％）、男性が16.6％（「何度もあった」3.5％、「1、2度あった」13.1％）でした。この調査から、配偶者などから常習的に暴力を受けている女性が一割弱いること、男性にも被害者が数パーセントいることがわかりました。

【コラム5－2　DVの事例】

　内閣府男女共同参画局が2002年に発行したDVに関する報告書では、配偶者などから暴力を受けた経験をもつ女性が被害の状況を語っています（内閣府男女共同参画局 2002）。被害者の語りからは、DVは単なる「夫婦ゲンカ」ではない実態が浮かび上がってきます。以下、事例をいくつか紹介します。

身体的暴力の事例：着がえをしていたら、怒って入って来て、半分裸みたいな格好で外に引きずり出されました。人から丸っきり見えないところで、川の中に顔を突っ込まれ、髪の毛を引っ張られ、殴られ、蹴られ、顔はむくみました。雨の中で一時間ぐらい殴られていたから。（40代）

> **精神的暴力の事例**：毎日のように、「能なし」というようなことを、「お前は何をしても、給料稼げないんだ。偉そうなことを言うな」というようなことを、言うんです。何かトラブルがあったら、「お前はアホなんだから」というふうに。けっこう自信をなくしましたね。(20代)
> **性的暴力の事例**：いやな時も強要されて、辛かった。避妊をしてくれないので、ピルを内緒でもらって飲むようにしていました。それでも妊娠して、私が「産みたい」と言った時に、私のお腹をたたいて「堕ろせ」と言われて…。その時に、「もうだめだ」と思いました。そして、子どもを堕ろしてすぐに、セックスを強要してきました。(20代)

3．DV防止法の内容

　夫婦間であっても暴力は犯罪であると認めたDV防止法ですが、その内容はどういったことが規定されているのでしょうか。

　法律の中心は「保護命令」です。配偶者からの暴力によって生命または身体に危害を受ける恐れが大きい時に、被害者は地方裁判所に保護命令の申し立てを行うことができます。保護命令の申請が認められると、裁判所は加害者に対して保護命令を発します。保護命令には、「接近禁止命令」「退去命令」及び「電話等禁止命令」があります。加害者が命令に違反した場合、1年以下の懲役または100万円以下の罰金となります。

（1）接近禁止命令

　加害者は、被害者に近づいたり、被害者の住居や勤務先の近くでうろついたりすることが禁止されます。期間は6ヵ月で、必要があれば再度の申し立てが可能です。また、被害者だけでなく、被害者と同居している未成年の子どもや親族への接近禁止も認められる場合があります。

（2）退　去　命　令

　加害者に対して、被害者と一緒に住んでいる住居から退去するように命令されます。住居近くをうろつくことも禁止されます。退去期間は2ヵ月間で、再度の申し立てが可能です。

第5章　DVとジェンダー　*87*

（3）電話等禁止命令

　被害者への接近禁止命令とともに、被害者と連絡をとったり脅迫したりすることも禁止するという命令です。緊急の用件以外で電話やファクシミリ、電子メールで連絡をとったり、嫌がらせの文書を送りつけたりする行為などが対象になります。期間は6ヵ月です。

　法律の制定後、公的な被害者支援も広がっています。各地の配偶者暴力相談支援センターや警察などで、DVに関する相談や情報提供を行っています。各都道府県に一つずつ設置されている婦人相談所では、子どもと一緒に逃げ出してきた女性を一時的にシェルターなどで保護する「一時保護」を行っています。

　2001年のDV防止法制定以後、2004年、2007年、2013年と3回の改正が行われており、改正を重ねるたびにさまざまなケースに対応できるようになってきています。たとえば、制定時には「暴力」の定義は身体的暴力だけでしたが、最初の改正で精神的暴力も含むようになりました。また、保護命令の対象に「元配偶者」が含まれるようになり、子どもへの接近禁止も命令されるようになりました。二度目の改正では、「電話等禁止命令」が加わりました。また、被害者の親族への接近禁止命令も定められました。三度目の改正では、法律名が「配偶者からの暴力の防止及び被害者の保護等に関する法律」になり、（事実婚も含む）配偶者や元配偶者だけでなく、同居する交際相手からの暴力も防止の対象になりました。

4．DV加害者はどんな人なのか

　そもそもDV加害者は、なぜ親密な関係にある女性に暴力を振るうのでしょうか。妻に暴力を振るう夫は、その理由についてよく「ついカッとして手を上げてしまった」「ストレスがたまっていたから」と言いますが、こういった理由は本当なのでしょうか？

　妻に暴力を振るう夫には、一定のタイプはないと言われています。アルコール依存や薬物中毒、精神的な病気などにより暴力的な人もいますが、そうでな

い人も少なくありません。年齢や学歴、仕事、収入も多種多様です。若者もいれば高齢者もいます。大学院を出た夫、いわゆるエリートとされている職業に就いている夫の中にも、暴力を振るう人はいます。また、家族以外の人や見知らぬ人に対しても日頃から暴力的な人もいますが、家庭の外ではとても穏やかな人もいます。

「ついカッとして」も、「ストレスがたまって」も、同僚や上司、部下、友人、通りすがりの人ではなく妻に暴力を振るうのであれば、「ついカッとして」ではなく、被害者を選んでいるのではないでしょうか。では、妻を選ぶのはなぜでしょうか？

妻へのDV加害者は、男性と女性、夫と妻を対等な関係として考えていないという傾向が指摘されています。女性や妻は自分の言うことを聞くのが当然だと思い、妻が自分の期待に応えない場合、それに対して制裁を加えることが夫として当然だという男性優位的な意識があります。また、妻を自分の「所有物」とみなしており、妻自身の意志や主張は認めません。DV加害者から見て妻は自分の支配下にあり、感情のはけ口にしてよい相手なのです。他にも、固定的な性別役割分担意識が強く、妻は家庭にいるもの、家事育児をきちんとこなすものという思い込みから妻の行動を制限したり、たとえ病気であっても家事を強制したりするケースもあります。DV加害者自身にとって都合のよい考えが、妻に対する自らの暴力を正当化してしまうのです。

精神的に不安定・自己中心的・嫉妬心が強いといった性格や、父親が母親に暴力を振るう家庭に育ったという生育環境などの個人的な問題も、DV加害者を作り上げてしまう可能性があると指摘されています。しかし、個人的な特性だけでなく、夫が力で妻を支配する男性優位的な夫婦関係を容認してきた社会の性差別構造も、DVが発生する基盤の形成に荷担してしまっているのです。

5．DV被害者はなぜ逃げられないのか

一方、被害者に関しても深刻な問題が指摘されています。DVは外部から非常にわかりづらく、被害者も被害を訴えにくいのです。DV被害者である妻に

対して「どうして逃げないのか」といった疑問がよく投げられますが、そう簡単には「逃げられない」理由がいろいろとあります。

　まず、DV被害者が、被害を自覚しにくいという問題があります。夫に暴力を振るわれると恐怖や怒りを感じるでしょうが、一方で、「妻として自分が至らないからではないか」と思って自分を責めてしまう女性もいます。また、「暴力を振るうのは愛情があるからだ」「言うことを聞けばそのうち変わってくれるのではないか」などといった期待も、自分を被害者として認識することを困難にしてしまいます。「身内の恥をさらせない」「暴力を振るわれているなんて恥ずかしくて人に言えない」などと世間体を気にして、被害を訴えるよりも、むしろ被害を隠したがる場合もあります。DV被害を認めるということは、自分の結婚を失敗だったと認めることにもなると考え、そうは認めたくないという心理も働きます。

　また、暴力が常態化してくると、被害者は恐怖感や無気力感に襲われて逃げる意欲も低下してしまいます。精神的にマイナス思考が強くなり、「どうせ逃げても誰も助けてくれない」などといった絶望感が被害者を孤立させてしまうのです。「夫は仕事、妻は家庭」と言われるように、一般的に家庭の運営責任は妻にあるとされています。DVが起こるのは「妻がしっかりしていないから」「我慢が足りないから」といった偏見もあり、さらに被害女性の孤立感を高めます。

　その他に、経済的な問題や子どもの問題も大きくあります。逃げるにもお金がかかりますし、さらに子どもの教育や将来を考えると、とても逃げるわけにはいかないと悩む女性も多くいます。

　とにかく、家から逃げるということは、失うものがあまりにも多いのです。自分や子どもの交友関係、子どもの学校、自分の勤め先や積み上げてきたキャリア、地域社会の繋がりなど、今までの人生で作り上げてきたものをほぼすべて投げ捨てて暴力を振るう夫から逃げ切るということは、とてもハードルが高いことのように思えます。

　さらに、妻に暴力を振るう夫は、毎日殴ったり蹴ったり、ひどいことを言っ

たりしているわけではありません（例外もあります）。暴力にはサイクルがあると言われています。暴力が起こる「爆発期」、暴力を謝罪したり、二度とやらないと宣言したりする「解放期」（ハネムーン期）、再びイライラし始めて緊張が高まる「緊張の蓄積期」の三つの段階が繰り返されることにより、被害者は逃げ出しにくくなります。暴力を振るったものの、後悔して謝罪する夫を目の前にすると、なんとかやり直せるかもしれないと思ってしまうのです。そして、「逃げ出すことは夫を見捨てることになるのではないか」「妻として失格ではないか」と、自分を責めてしまうのです。歪んだ形ではありますが、互いに依存し合っているともいえます。こうなってしまうと、解決には第三者の介入が必要です。

第4節 │ 広がるDVの問題

1．男性が被害者となるDV

　この章ではこれまで妻がDVの被害者であるケースを見てきましたが、夫が被害者であるケースもあります。その場合、女性が被害者の場合とは違ったジェンダーの問題が指摘されています。まず、夫が被害者の場合、被害を訴えにくいプレッシャーは、妻が被害者の場合より遥かに強いでしょう。基本的に、男性は女性より腕力で勝るということになっていますので、女性から暴力を振るわれる男性となると、「男らしくないダメなやつ」「女に負けるダメ男」といった扱いをされてしまう恐れがあります。また、暴力を振るう妻に対抗するとなると、「妻に暴力を振るう夫」として、むしろ夫が告発されてしまうのではないかと考え、妻の暴力を容認するしかないと思い込んでしまうケースもあります。次に、「男性は家族を養うのが当たり前」「夫には全面的に経済的責任がある」という「男はこうあるべし」というジェンダー規範があまりにも強い場合、たとえばリストラにあった夫を「甲斐性なし！」「稼ぎがないなら出ていけ」と一方的に妻が罵ったとしても、妻には自分がDVの加害者であるという意識がないケースが多くあります。

DV防止法制定以降、公的な相談窓口が増えましたが、その多くは、被害者を女性と想定して対応してきました。「暴力の被害を誰かに相談する」行為自体を「男らしくない」と捉えるジェンダー・バイアスが被害者の男性を追い詰めてしまうリスクについて、もっと社会全体に広めていく必要があります。

２．デートDV
　さらに、ここ数年、**デートDV**という言葉がクローズアップされています。これは、配偶者ではなく、「交際相手から受ける暴力」という意味です。第３次改正DV防止法は、「同居している交際相手」からの暴力も含めるようになりましたが、同居していない交際相手からの暴力もあります。たとえ同居していなくても、親密な間柄であるということから、被害者が逃げ出しにくいというDVと同じような構造的問題があります。

　デートDVは、相手への極度の依存、束縛や支配、そして暴力を、愛情と勘違いしてしまうことから被害が広がります。高校生や大学生の間でも、デートDVの問題が発生しています。特に携帯電話やスマートフォンなどで相手を拘束するという問題が、数多く報告されています。たとえば、「携帯の着歴を勝手に見る」「登録した友人のメールアドレスを勝手に削除する」「頻繁にメールやSNSで連絡するように強制する」といった内容です。

　デートDVかそうでないか、境界線を見極めるのは難しい場合も多くあります。そもそも恋愛関係であれば、相手への期待が（普通の友人関係に比べて）多少強かったり、嫉妬したりすることもあるでしょう。しかし、明らかに暴力や過度の束縛が常態化しているような関係は異常です。「殴るのは愛しているから」「束縛するのは愛情の証」ではありません。もしもそのようなことが起こったら、すぐに友人や家族、公的機関などに相談する勇気が大切です。

■■ おわりに

DVの背景には、ジェンダーの問題が色濃く存在しています。社会的に「妻

は夫に従う」「妻は夫を立てる」「夫は外で大変だから、妻はそれを支えなくては」「女性はわがままを言ってはいけない」などといった「女はこうあるべし」というジェンダー規範が、夫の妻に対する暴力を正当化し、また妻が夫を加害者として告発することをためらわせてしまうのです。

　また、夫が「家長」「リーダー」であり、妻が何か悪いことをしたら夫が処罰するべきだ、という社会通念も、まだまだ消え去ったとはいえません。暴力を振るわれる妻自身がDVの要因ではないかと、批判的に見られてしまうこともいまだにあります。また、自分自身がそう考えてしまい、誰にも相談できないということもあります。「夫を告発すると親や親族に恥をかかせるのではないか」「自分さえ我慢すれば家族は崩壊しないのではないか」などと、被害者である妻が沈黙してしまう理由はいくらでもあります。夫が被害者であるケースでも、「男は黙って耐えろ」「家長なんだからしっかりしろ」といった男らしさの強要が被害者を苦しめてしまう場合がよくあります。しかし、家庭や社会の秩序を保つために暴力の被害者が口を閉ざすなどということは、決して容認してはいけないのです。

　国際的にも、解決が急がれているDVの問題が数多くあります。その多くは何世代にも渡って行われてきており、人々は伝統や文化の一部だと捉えています。どんなにひどいことが行われていても、なかなか暴力や犯罪であると認識されません。それよりも、「夫・父の言うことを聞かない妻・娘を罰するのは当然」と、むしろ悪いのは「女らしくしなかった」被害者であるという考え方が、男性のみならず女性の間にさえ広がっているのが現状です。人々のジェンダーに関する意識を変えていくことが喫緊の課題です。

　DVを根絶するためには、DVを単に個人的な問題として捉えるのではなく、性差別的な家族制度や社会構造自体の是正が不可欠であるという認識が大変重要なのです。

（笹川　あゆみ）

【お薦めブックガイド】

■ ティム・ブッチャーほか（角田光代 訳）2012『Because I am a Girl─わたしは女の子だから』英治出版：開発途上国の少女たちの現状を、NGO支援団体で活動する作家たちが小説としてまとめたアンソロジーです。文化や伝統の名のもとに、「女の子だから」ということで不当な扱いを受けている彼女たちの日常を、ぜひ知ってほしいと思います。

■ 山口のり子 2004『愛する、愛される──デートDVなくす・若者のためのレッスン7』梨の木舎：DVがない社会づくりを目指す民間団体「アウェア」の代表が、主に10代の若者向けに書いたデートDVを未然に防ぐためのガイドブックです。デートDVとは具体的にどういったことなのか、意識や行動のチェックリストも参考になります。

【相談窓口紹介】

◆ DV相談ナビ（内閣府男女共同参画局）　0570−0−55210：どこに、誰に、DVの相談をしていいのかわからないという場合、「DV相談ナビ」を利用してみましょう。こちらに電話をすると、発信地等の情報から最寄りの相談機関の窓口に自動転送してくれます（ただし、各相談窓口の受付時間内に限ります）。

◆ 警察相談専用電話　#9110：DVやストーカー被害などを含め、生活の安全に関する悩み事がある場合、警察に相談することができます。#9110は、地域を管轄する各都道府県の警察総合相談室などの相談窓口に直接繋がる全国共通の番号です。受付時間は各都道府県警察本部で異なります。

その他にも、各地の配偶者暴力支援センターや地元の警察などの公的機関や民間ボランティアによる相談窓口があります。悩むようなことがあった場合は、まずは相談してみましょう。

【参 考 文 献】

警察庁生活安全局生活安全企画課 2016『平成27年におけるストーカー事案及び配偶者からの

暴力事案等の対応状況について』

https://www.npa.go.jp/safetylife/seianki/stalker/seianki27STDV.pdf（2016.11.26閲覧）

小西聖子 2001『ドメスティック・バイオレンス』白水社

内閣府男女共同参画局編 2002『配偶者等からの暴力に関する事例調査——夫・パートナーからの暴力被害についての実態調査』財務省印刷局

内閣府男女共同参画局 『配偶者からの暴力被害者支援情報』

http://www.gender.go.jp/policy/no_violence/e-vaw/index.html（2016.11.26閲覧）

中村正 2001『ドメスティック・バイオレンスと家族の病理』作品社

UNICEF 2016 "UNICEF'S DATA WORK ON FGM/C"

https://www.unicef.org/media/files/FGMC_2016_brochure_final_UNICEF_SPREAD.pdf（2016.11.26閲覧）

Gender

■■06■■

I

働くこととジェンダー

　生きていく上でお金は必要です。そして、資産や財産に恵まれた一部の人を除けば、多くの人が労働からお金を得なければなりません。したがって労働は権利です。日本では労働は義務と捉えられがちであるため、権利と言われてもピンとこないかもしれませんが、生きていく上でお金が必要ということになれば、労働は生存権と直結するものであり、労働の確保・労働環境の整備・労働に見合った賃金は基本的人権の一つといえます。

　本章では、日本の労働社会をジェンダーの視点から分析していきます。さらには現代人の働き方が出産や結婚にどう関係しているかもみていきたいと思います。というのは、日本の場合、労働・結婚・出産が完全にリンクしているからです（この点、諸外国と大きく異なります。とりわけヨーロッパにおいてはこれらは必ずしも相互にリンクしません）。

■■ 第1節 ｜ 日本の現状と国際情勢

1．男女共同参画に「参画」できるのは誰?

　日本は先進国の中でもっとも男女の**賃金格差**が大きく、また女性の**労働力率**が低いことが特徴です。**職域・職階**の差とそこからくる男女の賃金格差は明白で、日本の女性差別の象徴として国際社会から再三批判を浴びています。そして、それにもかかわらず現在もなおその格差は手を変え品を変え温存されているのが現状です。一方で近年の流行は「女性が輝く社会」ですが、その実態は何か、現状で女性は本当に輝けるのか、どう輝かされるのか、男性は輝かなくて良いのかなど、「男女共同参画社会基本法」（40ページ参照）からちょっと考えてみましょう。

この法律にジェンダーに対する日本の政治的スタンスが集約されていると言っても過言ではありません。第一に、あくまで「男女」であって、**男女二分法**が前提となっています。多様な性という姿勢は感じられません。人は必ず男性か女性にきっちり分類されるべきであるという姿勢です。第二に、各個人がそれぞれの権利と責任において自立するのではなく、あくまで男女のカップルが社会の基礎であるとにおわせています。相変わらず日本は夫婦を社会の基礎単位とみなしていることが窺えます。シングルで生きる人を排除していることは明白であり、個人では自立できない（させない）社会と言えるでしょう。男女共同参画社会に「参画」できる人とは、明確な男性か女性であり、異性をパートナーとして夫婦で生きる人々だけということになります。

　仮にこれらの点に目をつぶったとしても、男女「平等」ではなく「共同参画」としている点が日本の限界です。「平等」と言い切れなかったのは、男女が同格であってはいけないという保守派からの批判が大きかったことによります。要するに、人と人との平等を実現しようとする世界的な動向の中で日本も表向きは足並みを揃えて平等を標榜せざるを得なかったものの、明治以降の「伝統的な」男性上位主義はなんとか温存したいということで、出てきた妥協案がこの男女「共同参画」なのです。また平等推進派からみてもこれは別の意味で妥協案でした。最初の案では、両性の平等やセクシュアル・マイノリティの権利などについてももっと積極的に、ラディカルに盛り込まれていたのですが、「平等」や「人権」といったものがあまり好かれない日本では、これでは通らないだろうということが懸念されます。何も進展しないよりは、一歩でも踏み出したほうがマシということで「共同参画」に落ち着くことになりました。

２．GGI

　世界経済フォーラムが毎年発表している**GGI（ジェンダー・ギャップ指数）**において日本は144ヵ国中111位（2016年）と、先進国というには情けない順位にあります。Ｇ７（先進７ヵ国）最下位という結果です。

表6−1　GGI調査項目一覧

経済活動の参加と機会	給与、参加レベル、および専門職での雇用、男女間の所得格差
教育	初等教育や高等・専門教育への就学
健康と生存	寿命と男女比
政治への関与	意思決定機関への参画

　日本は世界の中でも義務教育が徹底している国であるといわれており、就学率・進学率の面では男女差はあまりありません。これは日本の美点です。もちろん細かくみれば、進路において男性は理系、女性は文系といった男女の差異が現れるなどの問題も残されているものの、とりあえず女性だから義務教育すら受けられないといった状況ではありません。また、寿命については、世界一の長寿大国であり、しかも女性のほうが長生きです。いまや日本は、単に平均寿命を延ばすことではなく、「健康寿命」（どれだけ健康で元気に長く生きられるか）を延ばすことに力を入れているくらいです。

　このように教育分野や健康分野では特別世界に劣るわけではないのですが、一方で、経済分野と政治分野が大変残念な結果となっています。

　日本の場合、男女の不均衡が如実に表れているのが経済分野（118位）と政治分野（103位）で、この二つが大幅に順位を下げる要因となっています。そしてこの傾向は毎年変わりません。

　日本はもともと先進国の中でもっとも女性の労働力率が低く、また、働いていたとしても多くが非正規雇用・不安定雇用です。その結果、先進国中最も男女の賃金格差・職階格差が拡大することになります。さらにもっと問題となるのが、政治分野です。日本は国政レベルでも地方行政レベルでも女性の議員がきわめて少なく、そして、女性の内閣総理大臣はいまだに誕生していません。女性のトップがいないという点も、順位を大きく引き下げています（国家の最高責任者についていうと、女性のトップが乏しいのは欧米も似たようなものです。結局アメリカも女性大統領は誕生しませんでしたし）。

第2節　日本の労働市場概況

1．M字型曲線とは

さて、労働についてみていきましょう。GGIの順位の低さが話題となる時、同時に指摘されるのが、今や年齢階級別労働力曲線がM字型を描くのは日本（と韓国）だけである、という点です。労働力曲線とは、簡単に言ってしまえば、どの世代の人がどれだけ働いているかをグラフ化したものです。このグラフが、男性の場合は働き盛りを中心に台形（逆U字型）を描くのに対して、女性の場合は本来ならば働き盛りである時に、結婚・出産によって労働市場からいったん撤退してしまうため、そこが陥没し、M字のようになることから、**M字型曲線**と呼ばれています。

以下は**年齢階級別労働力率**を表しています。労働力率は15歳以上の人口に占める労働力人口の割合です。

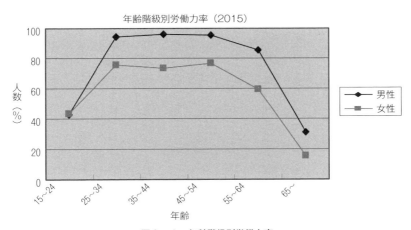

図6−1　年齢階級別労働力率

（総務省統計局http://www.stat.go.jp/data/roudou/sokuhou/tsuki/より作成（以下同））

M字型曲線はだんだんと解消されてきてはいるものの、やはり男性が台形であるのに対して、女性は35歳〜44歳の層が陥没しています。この年代は本来

であれば、もっともキャリアを積まねばならない時期です。逆に言えば、この時期に労働市場から退くことはキャリア形成に大きな影響をもたらすことになります。また、その段階で勤続年数が途切れることにもなります。業績の面でも勤続年数の面でもキャリアを中断せねばならないことが、男女の賃金・職階格差をもたらす一因となっています。

さらに、問題点として指摘しておかねばならないのは、M字の2つ目の山は実際には非正規雇用となっている点です。新卒で就職し、同じ会社に勤め続けることを当然とする日本の企業風土では、たとえ出発点が正規雇用であっても、いったん退職してしまうと改めて正規の職に就くのはきわめて困難です。したがって、結婚・出産により職を手放した場合、子育てが一段落してもう一度仕事をしようと思っても、必然的に多くは派遣やパートタイマーといった非正規での雇用を余儀なくされることになります。こうした雇用形態の違いも賃金格差の一因となっています。いったん辞めてしまうと正規の職に戻ることが困難なのは女性に限った話ではありません、しかし、ここで問題なのは、性別役割分業観の根強い日本では、今なお家事・育児・介護は女性の仕事とされていることです。そうした社会的な規範の中で、出産退職がパターン化しているにもかかわらず、それを個人の選択の結果であり、自己責任であるとされること、女性ならばパートタイマーでよいとされることなどは、日本社会の構造的欠陥といえるでしょう。

2．水平的職務分離と垂直的職務分離

一般に**水平分離**か**垂直分離**のどちらかがみられる場合、男女の賃金格差が生ずるとされますが、日本においては水平分離（男女で従事している産業や職業が異なる）と垂直分離（男女で地位や職階が異なる）とが混在してみられます。

まず水平分離についてみてみましょう。社会的地位の高い職業（ということは賃金も高い）には男性が、あまり地位の高くない職業には女性が多く就いているという傾向があります。一方、男性は管理職・女性は平社員、男性は総合職・女性は一般職などのように、同じ会社に勤めていても地位や役職などで差

がついているのが垂直分離です。今ではさらに、正規雇用と非正規雇用のように、地位や職階ですらなく、雇用形態による性別分離も起きています。

3．労働とセカンド・シフト

　主だった国の仕事および家事時間を男女別にみると、表6−2のようになります（家事も労働という見方もありますが、ここではややこしくなるので、**生産労働**を仕事、**再生産労働・世話労働**を家事と総称することにします）。表6−2からわかる通り、日本は男性の仕事時間が長く、必然的に家事時間がきわめて短いのです。それと連動して、女性の家事時間が諸外国よりも長いという結果になっています。日本における男性の長時間労働と、女性の家事時間の多さは世界的にも有名であり、国連やILO（国際労働機関）からもワーク・ライフ・バランスの推進を勧告されてはいますが、なかなか実現しません。男性の長時間労働は、仕事以外の事柄を一手に引き受けてくれる女性の存在を前提として成り立っており、当然ながら、それらを引き受ける女性は仕事に時間を割くことが難しくなります。したがって、生きていく上では養ってくれる男性が必要ということになるのです。

　戦後の日本社会はこのような**性別役割分業**を基礎として成立しているため、シングルでの独立と自立は男女ともになかなか困難です。男性は企業で出世をしようと思えば、家政婦兼母親役割をこなしてくれる妻が必須であるし、女性にいたっては基本的な生存のために夫が必要となるのです。誰もが配偶者を得るとは限らないことを考えれば、夫婦を基礎単位とすることの危うさがわかるでしょう。

表6−2　仕事・家事時間

単位：分／日

	男性		女性	
	仕事	家事	仕事	家事
フランス	173	143	116	233
ドイツ	222	164	134	269
イギリス	259	141	169	258
アメリカ	253	161	192	248
日　本	375	63	178	299
韓　国	282	45	167	227
OECD平均	259	141	158	273

（http://tmaita77.blogspot.jp/2014/03/blog-post_10.html およびhttp://dual.nikkei.co.jp/article.aspx?id=2420 より作成）

日本の男性の仕事時間は女性の倍以上であり、一方女性の家事時間は男性の
３倍です（表6‐2）。ところで、ここで注目したいのは、総時間数です。仕事
時間と家事時間の合計はすべての国において男性よりも女性のほうが長くなっ
ています。なかでも日本は男女差が大きく、39分の差があります。総合してみ
れば、女性は男性よりももっと長時間労働ということになります。これは女性
は男性よりも余暇や自由時間が短いということを意味します。事実、男性の長
時間労働は有名ですが、実際のところそれでも女性のほうが男性よりも睡眠時
間が短いのです。

　ここで問題となるのがいわゆる**セカンド・シフト**です。男性の慢性的な長時
間労働を前提とすれば、既婚女性はたとえ自身も働いていたとしても、家事を
引き受けざるを得ません。その結果、男性は外で仕事をしていればそれでよい
けれども、女性は外で仕事をした後、家に帰ってからもまだ家事という仕事が待
ち受けているということになります。この状況をセカンド・シフトといいます。

　仮に男性の長時間労働が緩和された場合、男性もちゃんと家事を負担するの
か、相変わらず家事は女性の仕事と考えるのかは今のところわかりません。し
かし、欧米の、とりわけ下層階級や肉体労働者階級では、夫が短時間労働ある
いは無職であり、事実上妻が**ブレッドウィナー**（お金を稼いで家族を養う人）とい
う状態であっても、妻が一人で家事・育児を担う傾向にあります。一般に、
「男性は女性よりも優れている」「男性が上に立って当然」という固定的なジェ
ンダー観は、社会的地位が低ければ低いほど男女ともに強固であると言われて
います。したがって、収入がなかったとしても、一家の大黒柱は男性であるべ
きだと考えられ、妻のほうも、たとえ自分が家族を養っていたとしても、あく
まで夫を家長として立てるべく、相変わらず家庭内役割は自分が引き受けるの
です。

　日本でも夫が失業した場合にはこれと似たような現象がみられます。事実上
ブレッドウィナーが交代したとしても、夫婦ともに夫の失業（つまり男性の無収
入）は一時的なものであるとみなして、引き続き家庭責任は妻が引き受けてい
ます。妻が働きに出ている間、失業中の夫が主夫業を担うかというと、必ずし

【コラム6－1　男女の賃金格差はわずかに縮小】

　日本は男性職・女性職に分かれている上、地位にも格差があるという二重の問題を抱えているため、先進国とは思われないほど大きな男女の賃金格差が生じています。男性の賃金に対して女性の賃金は7割程度に過ぎません。永らく6割程度であったのが近年ようやく7割になり、数値の上では格差が縮小したかにみえますが、これは女性の賃金が上がったのではなく、長引く不況により男性の賃金が相対的に下がったことによるものです。したがって、女性の賃金が男性の賃金に追いついたわけではなく、男性の賃金が下がるという形での格差縮小なので、日本経済全体としては何ら喜ばしい点はありません。

もそうはなりません。あくまで一家の長は夫であるという認識が夫・妻の双方にあり、むしろ妻のほうが夫の主夫業を嫌う面もあるのです。

4．子どもをもつことと働くこと

　現在、女性は出産退職が6割、第一子出産前後は7割が無職となっており、出産後も就業継続は26.8%に過ぎません。これが意味するところは何でしょう。性別役割分業観が強固であり、とりわけ育児は女性（のみ）の責任であると認識されている社会で、女性が出産後も労働を続けることはたしかに困難です。まだまだ出産退職を余儀なくされる社会システムではありますが、女性自身も子どもをもつということがどういうことかを今一度考えてみることが必要でしょう。母親になること＝育児をすること、ではありません。同時に、父親になること＝経済的に保証すること、ではないのです。すでにみたように日本は長時間労働大国です。とりわけ男性は長時間を企業に拘束されます。男性の家庭参加率が低いのは、単に男性自身の意識が低いからではなく、男性もまたそのような働き方を余儀なくされている社会システムだからなのです。しかしながら、子どものことを考えた場合、常に母親と父親が揃っていられるとは限らないことを意識すべきでしょう。離別・死別などにより、どちらか一方になることは十分にありえます。実際、現在は3組に1組が離婚をする時代です。「社員＋主婦」というパターンは、「別れない・夫が死なない・リストラされない」

第6章　働くこととジェンダー　*103*

という大前提があって初めて安泰なのであり、実際にはそんな保証はどこにもありません。事実、日本社会はこれまで直視せずにきただけで、夫を失った女性（あるいは最初から独りの女性）、とりわけシングル・マザーは困窮する可能性がきわめて高いのです。また、妻を失った男性が家事・育児に苦労することも珍しくありません。しかし、これを独りなのだからしかたがない、独りなのが悪い、と切り捨ててきてしまったのが日本社会です。性別役割分業は本来きわめてリスキーです。どのようなライフスタイルを選択するかは各夫婦の自由であり、当人たちが納得している間は性別役割分業でも構わないのですが、それが崩れたとたん、あるいはそれを選択しなければ、生活が立ちゆかなくなるというのは、やはり社会構造のひずみであると言えるでしょう。

第3節　日本特有の雇用慣行が何をもたらすか

1．終身雇用と年功賃金

　高度経済成長期からバブル期にかけての日本の雇用システム最大の特徴は、**終身雇用**とそれを前提とした**年功賃金制**でした。簡単に言うと、新卒で採用したら定年まで雇用する、クビにはしない、その代わり労働者は企業に滅私奉公をするというものです。そして、生涯を捧げてもらう代わりに、年齢に応じて地位と賃金を上げましょう、社員とその家族の生活を保証しましょう、というシステムです。ただしこれはもちろん男性限定のシステムです。

　戦後、都市部への人口集中が拡大する中で、核家族化が進みます。戦後の混乱と貧困が一段落し、1950年代半ばから景気が上向き始めますが、この頃から「男性は外（で賃金労働）、女性は内（で家事・育児・介護）」という性別役割分業観に則ったライフスタイルが推奨されるようになります。これが「社員＋主婦システム」です。

　こうした状況の中で、男性には本人のみならず、その家族が生活していけるだけの賃金が必要であると考えられるようになり、男性社員には**家族賃金**が支払われるようになります。これに対して、女性に対しては**個人賃金**ということ

になっていますが、実際には個人賃金以下の水準です。女性が自活することは想定されていないので、一人前の給料は不要と考えられていたからです。つまり、男性には必ず養うべき妻子がいること、女性には必ず養ってくれる父親もしくは夫があることが前提なのです。こうした企業風土の中では、女性は当然のように結婚により退職を迫られます。企業にしてみれば、既婚女性に賃金を支払うことは、二重に給与を払っているようなものだからです。男性に家族賃金を支払っているのに、なぜその男性に養われている女性にまで賃金を払わなければならないのか、というのが企業の言い分です。たしかに家族賃金を前提にしている限り、企業がそう言いたくなるのもわかりますが、そもそも前提がおかしいのです。

　しかしながら、こうした考え方にはなかなか根強いものがあり、かつては女性は結婚により労働市場から撤退（今では出産により撤退）、子育てが一段落したらパートタイマーとして再就職というパターンができあがっていました。これがM字型曲線の要因です。どうせ女性の労働は結婚までの腰掛けだから低賃金で構わない、とされていたのです。そもそも高度経済成長期の日本では、男女は対等であるという概念が今よりもいっそう希薄であり、男女で扱いが違うことは当然視されていました。個人の能力差以前に「男であること」が能力であり、「女であること」はそれ自体が能力不足の証と考えられていたのです。これは一方的な性差別ではなく、女性自身も男性には及ばないと考えていました。

　もちろん、当時から働きたい、自立したいと考える女性たちはいたわけですが、それは、わがまま、生意気とみなされていました。このような状況の中で、女性がキャリアを積むことは非常に困難です。新卒で採用し、企業内で育てることを前提としていた企業風土では、男性に対しては社内で職業教育が行われます。しかし早晩辞めるものとされている女性に対しては、企業はそんな時間も手間もお金もかけません。したがって女性は、同じスキルを身につけようと思ったら、勤務時間外に私生活の時間を割いて、私費を投じて自らを磨かねばならなかったのです。

　一方、この状況が男性にとってバラ色の状態かといえば、そうではないでしょ

う。男性だからという理由で家族賃金が保証されるということは、家族は必ず男性が養わなければならない、という社会的コンセンサスに他なりません。配偶者と子どもの人生に対して、少なくとも経済的な面では1人で責任を負わねばならないのですから、これは大変なプレッシャーです。自分に何かあれば、家族全員が路頭に迷うことになるのです。また、男性に求められる働き方は、とうてい家庭生活と両立できるものではありません。社命が下ればどこへでも唯々諾々と転勤せざるを得ません。日本の男性労働者にとって単身赴任は日常茶飯事です。家族と離れて暮らさねばならないような状況を強いることは、労働者に対する人権侵害であり、子どもから親を奪うという意味では子どもの人権にも反するとしてEU諸国では禁じられています。本来それほどの異常事態なのです。

　しかし、日本の税制度・社会保障制度は「社員＋主婦」形態に特化して優遇する仕組みになっています。つまり、男は猛烈に働き、女は賃金労働以外の一切を引き受けて男を支えるのがあるべき姿であり、そのライフスタイルに則っている限りは優遇しましょう、というものです。さらに、日本の社会保障制度はきわめて貧弱で、本来であれば社会保障として国家が担わなければならない各種役割を「家族」に期待しているため、家族のいない人間については、いないのが悪いとして、切り捨てることになります。このことからもまた日本社会の基礎単位が夫婦であることがわかるでしょう。

2．「一般職」と「総合職」の登場

　実は、正規雇用であれ、非正規雇用であれ、いずれにしても女性の低賃金は温存される仕組みとなっています。もともと既婚女性が働き続けることは想定されていませんが、では独身ならば終身雇用の対象になるかといえば、そうではありません。なにしろ、すべての人間が結婚することを前提としている雇用慣行ですから、女性が30歳を過ぎても職場に残っていることを想定していませんでした。そのため、退職を促されたり、応じなければ嫌がらせをされたりしました。今のように、**セクシュアル・ハラスメント**や**パワー・ハラスメント**といった概念もない時代には、女性に早期退職を迫ることは何ら問題のないことと

みなされていました。あるいは、何とか職場に残れたとしても昇進も昇給もなく、「お局様」などと言われたり、結婚できなかったかわいそうな人という位置付けにされたりしました。

このように、「女性だから」ということを理由に、当然のように給与や地位を低く抑えることが可能だった時代もありましたが、1999年の男女雇用機会均等法改正により、性別を理由とした雇用差別ができない時代が到来します。さて、そこで男女の雇用は平等化したのでしょうか？　なかなかそうはいかないのが社会の難しいところです。ここであみだされたのが、**一般職**と**総合職**の**コース別採用**というシステムです。一般職とは、早出・残業・出張・転勤なしのいわゆる事務職であり、一方、総合職は「男性並み」に働くことが前提となります。「女だから低賃金でよい」という**直接差別**はできなくなったので、職種別、コース別と称して女性を一般職へと囲い込む**間接差別**に変更したのです。そして、一般職であれば、責任もなく簡単な仕事なのだから低賃金でよしという理屈が成立します。

一方、総合職となれば男性並みに、男性のやり方で働くことが前提です。すなわち、自社の利益以外は一切考えず、へたをすれば過労死するまで働くことが求められるのです。しかし、そもそもそうした男性の働き方がきわめて非人間的労働形態ですし、こうした働き方は、家事・育児・介護といった家庭責任を一手に引き受けるべきであるとされている女性には無理です。結果として、女性自身も総合職を目指さないということになります。そしてこれを女性自身の自由選択の結果である、女性自身にやる気がないのである、として話がすりかえられてしまうのです。男性の異常な働き方を基準にしている限り、女性はいつまでたっても「無能」ということになります。

また、総合職である以上、男性と同様の働き方が求められますが、一方女性は総合職であっても、そのなかで女性役割を求められることになりかねません。お茶汲み、コピー取り、掃除、電話番などの雑用を女性にだけ課すことは、今ではセクハラとされてはいますが、実際には、大半を男性が占める総合職の中に女性がいれば、結局のところこれらは女性に割り振られ、女性だけが二重役

割となりかねないのです。

こうした間接差別を背景に、管理職に占める女性比率は現在11%程度に過ぎません。しかも大半が係長クラスにとどまっています。課長までは行けたとしても、部長になるのはなかなか難しい。徐々に女性にも昇進の道が開かれたとはいえ、現実的にはこの数値です。このように、一見手が届きそうなところに見えてはいるのに、実際にはそこに到達できない状況を「**ガラスの天井**」と言います。さらに管理職に占める有配偶者率は、男性は９割を超えているのに対して、女性は３割弱です。ここからわかることは、男性は家庭があっても出世できるけれど、女性は結婚や出産をあきらめなければ出世することが困難であるという現実です。というよりも、男性の場合、むしろ結婚していることも出世の条件です。妻がいるということは、後顧の憂いなく会社の仕事に集中できると解釈されるからです。つまり、出世競争においては、男性の場合、結婚をしていなければ不利になり、女性の場合、結婚をしていると不利になるのです。

こうした状況は、単に女性差別であるばかりでなく、男性差別でもあります。なぜ男性ならば家庭生活を犠牲にしてでも働かねばならないのでしょうか。男性だからというだけの理由で、家族と離れて１人で赴任先へ行くことを強いられねばならないのでしょうか。女性が総合職として採用されることが難しい一方で、実は男性が一般職として就職することも意外と困難です。企業は男性にそうした働き方を求めてはおらず、そんなやる気のない男なら要らない、ということになるからです。

3．非正規雇用という新たな間接差別の登場

さらに、2000年以降、社会問題となっているのが非正規雇用です。もはや、一般職ですらなく、パートタイマーや派遣で女性を雇用の調整弁にしているのです。間接差別はあるものの、正規雇用である以上は、そう簡単に解雇はできません。バブル崩壊後、企業が簡単に労働者のクビを切る時代に突入したとはいえ、正社員を解雇するのはそれなりに大変です。その点パートタイマーや派遣は、人員が必要になれば最低賃金の時給で雇用し、不要になれば簡単に契約

を打ち切れるので、企業にとっては安価で便利な労働力なのです。女性だから低賃金でよい、とは言えなくなったので、非正規雇用だから（それだけ責任が軽いのだから）低賃金でよいというロジックです。そして、女性は家族を養う必要がないのだから非正規雇用で構わないとされるのです。

　IMF（国際通貨基金）専務理事クリスティーヌ・ラガルド（Christine Madeleine Odette Lagarde）はかつて、「日本女性は世界の中でも高学歴であり、潜在的な可能性を秘めている。それにもかかわらず労働率が低い。日本はもっと女性の活用を」と提言しましたが、もともと日本は女性を再生産労働・世話労働の担い手であると同時に、安価な労働力、雇用の調整弁として「便利に利用」「悪用」はしているのです。ラガルドの想定する「活用」と政府の成長戦略の中でうたわれている「活用」の意味が異なっているわけです。

4．非正規雇用の社会問題化

　ところで、非正規雇用が社会問題化したのは、男性の割合が増えたからです。つまり、女性が低賃金や不安定雇用であっても、社会は（女性自身も含め）それを当然視してきましたが、男性に不安定雇用が拡大したことで、ようやく社会問題となったのです。バブルの崩壊に伴い、終身雇用・年功賃金制も崩壊しますが、一家を養うのは男性であるべきというジェンダー規範だけは残存している状況です。日本社会は女性がどれだけ貧困にあえいでも、それは例外的・個別的現象として見て見ぬふりをしてきましたが、男性の低賃金は社会的病理であるとみなされます。

　ある意味では、今は労働者にとっては最悪の時代といえるでしょう。終身雇用制度も問題ですが、男性の終身雇用制度は崩壊したのに、一方で男女の賃金が平等になったわけでもなく、いまだ女性には一人前の賃金が確立していないとなれば、結果的に、低賃金層が増加しただけということになります。

5．非正規雇用を選択する「理由」

　非正規雇用者に占める女性比率は67.9％です。ここでちょっと非正規雇用当

事者がその雇用形態を選択した理由をみてみましょう。男性の場合、第一位に
くるのが「非正規しかなかったから」ですが、女性の場合は「自分の自由な時
間に働きたかったから」となります。この回答だけみると、男性は消極的な選
択の結果、女性は積極的な選択の結果であるかのようにみえるでしょう。しか
しこれをもって、男性は仕方なく非正規に甘んじているが、女性は好きで非正
規雇用を選択しているとみなしたり、女性には労働意欲がないと捉えたりする
のは早計です。稼得責任は男性、家庭責任は女性というジェンダー規範が存在
する社会では、回答が上記のようになるのは当然です。ここで考えなければな
らないのは、なぜ男性が非正規雇用であってはいけないのか、なぜ男性は「（本
当は正規雇用に就きたいが）非正規しかなかったから」と答えざるを得ないのか、
逆になぜ女性は「自由な時間」にしか働けないのか、という点です。ここを掘
り下げなければ、労働市場の本質的な課題はみえてこないでしょう。

【コラム6-2　女性の低賃金と介護の社会化相関関係】

　近年、男性の介護負担が増加したことにより、介護が社会問題化しました。子ど
もや高齢者、病人の世話といった家庭内のケア役割は、かつては嫁か未婚の娘が担
うものとされており、その考え方は本質的には今なおあまり変わっていません。し
かしながら、核家族化の進展、晩婚・未婚率の上昇により、男性が介護を担わねば
ならない場面が徐々に増えてきています。介護を理由とした男性の休職・離職が増
加したことによって、介護が社会問題化します。この点、非正規雇用の社会問題化
と図式は同じです。

　育児・介護などは、大変なものであるにもかかわらず、もともと女性が家庭内で
無償で担ってきたことから、**アンペイド・ワーク**（**無償労働**）と呼ばれます。これら
のアンペイド・ワークが職業化したのが保育士や介護職ですが、どちらの現場も人
手不足でありながら賃金が低いのは、もともと女性が担っていたという点にも要因
があります。

　女性が大半を占める職種、女性向きであるとされる職種を「**女性職**」といいますが、
女性職は女性が担っているだけに社会的評価が低く、賃金も低い傾向にあります。
保育士や介護職のように、たとえ資格が必要で人の命に関わる責任の重い職業であ
っても、女性にできるような仕事は誰にでもできる仕事とみなされてしまいます。
女性職であるからこそ、女性が参入しやすいというメリットもあるのですが、結局

女性が担うので低賃金は温存され、低賃金だから男性が参入しない、男性が参入しないから社会的評価が上がらない、という低賃金スパイラルに陥ることになります。このように、女性役割も低賃金も温存したままで、女性がどうやって輝けるというのか、大変疑問です。このままでは、結局のところ女性の負担が増すだけです。「女性が輝く社会」の正体はいったい何でしょう？

■ おわりに

　ここまで日本の労働市場に潜むジェンダー観とそこからくる男女格差について見てきましたが、日本もまったく何もしていないというわけでもありません。

　1960 ～ 70年代にアメリカを中心に提唱された**同一労働同一賃金の原則**という考え方があります。同じ職務内容ならば、賃金に格差をもうけてはならないという考え方で、性別や人種、国籍、宗教などを理由とした差別を解消することが目的でした。が、問題は、そもそも男女が同じ職に就いているわけではないという点にあります。この原則では女性職の低賃金解消には繋がらないのです。そこで続いて登場するのが**同一価値労働同一賃金の原則**です。水平分離状態についてはひとまず前提とした上で、それぞれ職業の価値（社会的必要性）が同じであれば、賃金も同じにしようというものですが、ではそれぞれ内容の異なる職業の価値をどうやってはかるのか、がネックとなります。職業の価値は、基本的にはそれがどれだけ社会で必要とされているかによって決まるものですが、その必要度を数値化することはできません。さらにやっかいなのは、職業の価値自体にすでにジェンダーが反映されている点であり、その職業そのものに価値があるのか、男性が担っているから価値があるのか、見極めることは難しいという点です。重要であり権威ある職業だからこそ男性にしか任せられないし、男性にしか任せられないからこそ権威があるという相乗効果なのです。

　こうして考えると、同一労働同一賃金のほうは、同じ職務ならば同じ賃金ということで、その判断は同一価値労働よりは簡単です。にもかかわらず、日本は先進国の中で唯一遅れをとっている国であり、OECD（経済協力開発機構）か

ら正規雇用と非正規雇用の格差を是正するよう勧告を受けています。OECDの考え方では、雇用形態によらず1時間当たりの金額は同じでなければなりません。また、各種社会保険の加入にあたって、雇用形態で差があってはならないとされています。ところが、日本では当然のように正規雇用と非正規雇用で1時間当たりの金額が異なる上、往々にして非正規雇用労働者は社会保険の対象にもなりません。「身分」が違うのだから、賃金や待遇が違うのは当然という考え方です。そして、実際には非正規雇用労働者に正規雇用と同じ（場合によってはそれ以上の）仕事をさせているケースもあるのだから、「質が悪い」と思われてもしかたがありません。

　先進国のレベルに照らしてみれば、少なくとも、最低賃金を1500円まで引き上げること、雇用形態を問わず同じように社会保険の対象とすることが必須です。にもかかわらず、そんなことをすれば中小企業がつぶれる、正規雇用の賃金が下がる、という反論は根強く、実現の見込みはありません。ただそもそもこの反論自体がおかしいのです。第一に、企業存続のためには、労働者の生活はどうでもよい、搾取しても構わない、と言っているに等しい。第二に、生活が成り立たないような低賃金で労働者を使い捨てなければ立ちゆかないような企業であるとすれば、それはもう潜在的に破綻しているのです。また、非正規雇用労働者を低賃金に据え置くことによって正規雇用者の生活を守るというのもおかしな話です。

　本来、なんらかの困難を抱えた人をすくい上げるのが、社会保障や福祉の目的であり役割なのですが、日本ではたとえば非正規雇用のように、困難を抱えていればいるほど社会保障からもれてしまう仕組みになっています。社会保障制度や税制度は、今や恵まれない層から搾取して恵まれた人の生活を保護する制度に成り下がってしまっているのです。

　こうした中で2015年9月にようやく**同一労働同一賃金推進法**が成立、施行されました。実はこれ自体にはほとんど価値がありません。企業がいくらでも言い訳をできるような内容であり、事実上何の効力もないからです。ただし、ようやく同一労働同一賃金が議会で検討されたという点に大きな価値があるとい

えるでしょう。

（北原　零未）

【お勧めブック・サイトガイド】

■　アーリー・ホックシールド（田中和子 訳）1990『セカンド・シフト 第二の勤務
　──アメリカ 共働き革命のいま』朝日新聞社：たとえフルタイムで働いていても
　女性が家事・育児を一手に引き受けている現実は、誰もがなんとなく解ってはい
　ることですが、10組の共働きカップルを追うことで「女性の第二の勤務」の実態
　を明らかにしてみせた本です。

■　HUFF POST（The Huffington Post ハフィントン・ポスト）：アメリカのweb新
　聞で、労働問題に限らず、さまざまな時事問題を取り上げています。ジェンダー
　関連問題にも敏感です（日本語でも読めます）。m.huffpost.com

【参 考 文 献】

アーリー・ホックシールド（田中和子 訳）1990『セカンド・シフト 第二の勤務 ──アメリ
　　カ 共働き革命のいま』朝日新聞社
目黒依子・矢澤澄子 2000『少子化時代のジェンダーと母親意識』新曜社
医学書院　http://igs-kankan.com/article/2014/05/000892/
一般財団法人自治体国際化協会　http://www.clair.or.jp/j/forum/pub/docs/418.pdf
国連開発計画　http://hdr.undp.org/en/composite/GII
総務省統計局　http://www.stat.go.jp/data/roudou/sokuhou/tsuki
大和総研　http://www.dir.co.jp/research/report/overseas/europe/20130305_006897.pdf
内閣府男女共同参画局　http://www.gender.go.jp/public/kyodosankaku/2015/201601/201601
　　_03.html
日本PBW連合会　http://www.bpw-japan.jp/japanese/gggi2015.html
データえっせい　http://tmaita77.blogspot.jp/2014/03/blog-post_10.html
日経DUAL　http://dual.nikkei.co.jp/article.aspx?id=2420
HUFF POST　http://www.huffingtonpost.jp/2013/05/14/hiseiki_n_3276695.html
世界保健機関　http://memorva.jp/ranking/unfpa/who_whs_2015_total_fertility_rate.php

Gender

■■07■■

I

接客業とジェンダー

　皆さんは将来、どんな職業に就きたいと思っていますか？　「小学校の先生に
なりたい」「カフェを経営したい」「弁護士になりたい」etc ……、人によって目
指す職業は違いますね。おそらく、どの職業を選んだとしても、その職場は、
それぞれにジェンダーに関する課題を抱えていることでしょう。職業における
ジェンダー問題は、「いま」まさに企業が取り組んでいるテーマです。日本では
医師や政治家に女性の割合が少ないという問題が指摘されている一方で、客室
乗務員や看護師のように、圧倒的に女性の割合が多い職業も存在しています。
女性が活躍している職業であっても、きっとジェンダーの課題があるはずです。
　そこで、この章では、女性が活躍している職業のひとつ**接客サービス業**に向
き合ってみたいと思います。ついつい見落としてしまいがちな〈違和感〉を拾
い集めながら、ジェンダーの視点からさまざまな課題をあぶりだしていきまし
ょう。

■■ 第1節 ｜ 雇用の調節弁にされやすい接客サービスという業務 ■■

　医師や政治家には男性が多く、客室乗務員や看護師には女性が多いなど、男
性と女性で携わっている職業に偏りがあることを**性別職務分離**といいます。ジ
ェンダー・バランスが女性に偏っている仕事という視点で性別職務分離を考え
る時には、家事労働などの**アンペイド・ワーク**（シャドー・ワーク）が女性の役割
として固定化されている問題や、育児・保育・看護・介護などの**ケア・ワーク**
が女性に集中しているという問題が指摘されます。または、性風俗で働く**セッ
クス・ワーカー**の問題が語られこともよくあります。これらのテーマが積極的
に議論されてきた一方で、多くの女性が活躍している職業でありながら、あま
り話題にのぼらないテーマがあります。それは、**接客サービス業**です。

114

接客サービス業は、一見すると華やかな職業であり、いわゆる女性があこがれる仕事が多く含まれています。航空会社の客室乗務員や旅行代理店のカウンター業務、ウエディングプランナーなどはその代表と言ってもよいでしょう。狭き門を潜り抜けやっとのことであこがれの職業に就いた人もたくさんいます。ところが、実際に仕事をしてみると、接客サービス業は社内では単純労働とみなされてしまい、接客で培った技能が評価されにくいということがままあります。どの業界においても接客担当から幹部候補への道のりは険しいものです。就職後のキャリアアップが難しいにもかかわらず、職務に華やかなイメージがあることから、企業側にとっては、募集をすれば一定の応募数が集まるというメリットがあり、接客サービス業は**雇用の調節弁**になりやすいという特性があるのです。

　就職活動の時期になると、大きな会社を訪問する場合、受付のスタッフたちにお世話になることがあります。ショッピング・センターやターミナル駅、百貨店のインフォメーションにも女性スタッフが配置されていることが多いですね。季節に合わせた素敵なユニフォームを着て、テキパキと応対してくれる彼女たちは、受付のプロフェッショナルです。皆さんは、彼女たちの雇用形態を考えてみたことがありますか？　おそらく彼女たちのほとんどが派遣会社から派遣されているスタッフです。

　日本の経済が低迷していた1990年代後半、女性の働き方に関連する忘れてはいけない大きな法改正がありました。それは、1996年に規制緩和をされた**労働者派遣法の改正**です。この改正により派遣業務として認められる職種が大幅に増えました。男女雇用機会均等法の制定で正社員の仕事においては男だから・女だからと差をつけることができなくなったことと並行して、一般事務の仕事を派遣社員で補うことが可能になりました。正社員間で男女の機会均等を図る一方で、機会均等が難しい業務については非正規雇用を調節弁として利用し、全体の業務の調整を図っているという図式が見えてきます。

　男女雇用機会均等法と**労働の流動化**という二つの大きな流れによって、女性の正規職員が総合職と一般職という２種類に分かれ、さらに雇用の調節弁とし

第7章　接客業とジェンダー　*115*

て契約社員や派遣社員という非正規雇用が登場したことで、働く女性の間で格差が広がることになりました。働く女性のポジションが企業の中で階層化され、もはや働く女性をひとくくりに論じることはできません。総合職には総合職の、一般職には一般職の、非正規雇用には非正規雇用のジェンダー問題があります。それぞれに違う立場に立っているため、場合によっては**利益相反**の可能性もあります。女性間での格差は**女女格差**とも呼ばれ、新しい問題となっています。
日本が不況に喘いでいた1990年代後半には、このような労働の流動化があらゆる業界で起こりました。日本の航空会社が客室乗務員を契約社員に切り替えたのもちょうどこの時期でした。今では再び客室乗務員を正社員として雇用する動きが出てきていますが、女性が活躍する接客という仕事が、雇用の調節弁となっていることを物語っています。

■■ 第2節 | 接客は女性の仕事？

　日本では接客サービス業で活躍する女性が多くいますが、果たして、接客は女性の仕事なのでしょうか？　この問いは、ジェンダーの問題と文化の問題が複雑に絡み合っていることを教えてくれます。身近な事例を思い浮かべてみると、男性も接客サービス業で活躍している例がいくつも出てきます。ホテルのフロントでは男性スタッフが立派に活躍をしていますし、フレンチレストランで料理を運んでくれるのは男性だったりします。ソムリエとして活躍する男性も多いですし、カフェではギャルソンと呼ばれるウエイターがプロフェッショナルな応対をしてくれます。さて皆さん、ここで、何か気がつきませんか？
いま挙げた、ホテル、フレンチレストラン、ソムリエ、カフェは、すべて西洋文化が発端となっているサービス業態です。西洋文化圏発のサービス業態で男性が活躍しているのは、かつて女性が家の外で職業をもつことがほとんど許されていなかったことの表れでもあります。その一方で、日本の接客サービス業には異なる歴史があります。江戸時代から続く老舗旅館や料亭では、**女将**と呼ばれる女性がリーダーシップを発揮して全体をマネジメントしています。長女

が婿をとって跡を継ぐという**女系による家業の継承**も行われてきました。旅館や料亭で料理を運ぶ**仲居**も女性の活躍が目立ちます。現在、日本では、世界中から観光客を誘致するために、「おもてなし」をインバウンドの重要なコンテンツにしようという流れがあります。「おもてなし」の担い手として活躍してきた彼女たちは、日本の社会・文化を発信する役割を期待されているといってよいでしょう。接客における文化的背景と性別役割の関連性はジェンダー研究における新しいテーマです。今後のさらなる研究を待ちたいと思いますが、接客サービス業に性別の偏りが見られる要因の一つに、その土地の社会や文化・風習が大いに関係がありそうだということは推測ができます。

　では、職場内における接客業務はどうでしょうか？　社会的・文化的慣習が、職場の中に入り込んできてはいないでしょうか？　この問いを考えるにあたって、少し昔の話に遡ってみましょう。

　日本で女性が家庭を離れて（住まいとは別の場所で）職業をもち始めたのは、都市部の中産階級において女子教育が盛んになり始めた大正時代頃からです。当時、彼女たちは**職業婦人**と呼ばれていました。1913（大正2）年11月号の『婦人之友』には、「新しく出来た婦人の職業」を紹介する記事が掲載されています。そこで紹介されていた10の職業は、タイピスト・婦人速記者・婦人歯科医・女子薬剤師・女子事務員及び簿記係・電話交換手・女子電信係・為替貯金局の判任官・小学校教員及び音楽教師・女医となっています。ここで注目してみたいのは、電話交換手という職業です。この記事によると、当時東京だけで1,000人以上の電話交換手がいたそうです。応募資格は女性のみで、小学校卒業以上、13歳〜20歳の未婚者です。美しい標準語を話すことができる女性が求められていたため、教育を受けている良家の子女が採用されていたようです。当時は電話を繋ぐのはすべて手動でした。現在でも大きな会社の大代表に電話をかけるとオペレーターが直接応じてくれて、「○○部署の○○さんをお願いします」と言うと繋いでくれますが、一般電話もこのように人を介して繋いでもらっていたのです。その仕事が女性のみで募集されていたことは、とても興味深いことです。電話応対が女性の仕事とされていたのは、昔に限った話では

第7章　接客業とジェンダー　*117*

ありません。現在のようにメールや携帯電話で個々人が仕事のやりとりをするようになる以前は、仕事の連絡は会社の電話にかかってきていました。電話に出るのは女性事務員の役割という暗黙のルールがあり、男性社員は電話が鳴っても取らないということが当たり前のようにありました。

　ところで、皆さんは**お茶汲み**という言葉を聞いたことがありますか？　1990年代まで、女性事務員たちの仕事は、男性社員たちの補佐的な仕事が中心で、その中にはお茶汲みという仕事がありました。皆さんはお茶汲みというと来客応対のイメージをもつかもしれませんが、ここで言うお茶汲みは違います。男性社員が出勤してきた時、昼休憩から戻ってきた時、午後３時などに、女性職員がお茶を入れて配ることが一般的に行われていました。このような行為は**社内接客**と言い換えてもよいでしょう。職場で自由に喫煙ができていた時代には、男性社員の灰皿を洗うという仕事もありました。

　もちろん、社内接客や雑用ばかりさせられていては、本来の職務がなかなか進みません。総合職として働く女性社員が登場してきたことをきっかけに、どの企業でもこのような習慣は改善されていきました。お茶当番が廃止され、会社の中に自動販売機があったりするのはその流れです。「女性だから」電話番をするのではなく、「新人だから」電話番をするという考え方に変えて、男女ともに日直のような仕事が当番制で回ってくる職場もあるでしょう。各企業がそれぞれの社風に合わせて、男だから・女だからという考え方を改善しようと取り組んでいます（でも、もしかしたら、これらの業務が正社員の仕事から非正社員の仕事に移行しただけなのかもしれませんが……）。今でも、来客応対でお茶やコーヒーを出すのは女性であることが多いようですが、その改善の進み具合には、業界格差や企業格差があります。自分にふさわしい就職先を探す時の手掛かりとして、各企業のジェンダー格差への理解度や取り組み姿勢も大事なポイントになるでしょう。

第3節 | 容姿という暗黙の採用基準とその落とし穴

　性別職務分離の現象を接客サービス業に当てはめて考える時には、文化的背景など複数の視点から考える必要がありそうだということがわかってきました。ここでさらに問題を複雑にしてみたいと思います。たとえば、客室乗務員が女性に偏っているという現象について考える時には、「女性は客室乗務員に偏り、なかなか幹部社員になれない」という点からこの問題を語ることもできます。でもその一方で、「あこがれの職業だったので、幹部社員になれないとわかっていても自分の意思で客室乗務員を希望した」のかもしれませんし、「今の仕事にとてもやりがいを感じている」のかもしれません。実際に、女子学生による就職希望企業ランキングでは航空会社が毎年上位にランクされています。客室乗務員はなぜあこがれの職業の常連なのでしょうか？　肉体的にも精神的にも厳しい仕事でありながら、かつてのように高収入でもありません。職業へのあこがれという気持ちは、何に対してわきおこるのでしょうか？

　これは、求人の応募要件に関係がありそうです。皆さんは、**容姿端麗**という言葉を聞いたことがありますか？　容姿端麗とは、外見が美しく整っているという意味です。男女雇用機会均等法により求人募集で使用する文言や応募要件が厳しくなっている現在では、応募要件に容姿に関する条項を入れることはできません。ところが、それ以前は、接客サービス業の応募要件には容姿端麗という言葉が当たり前のように記されていました。接客サービス業で活躍する人たちが容姿に恵まれている人が多いという背景には、かつては容姿端麗が採用基準であると明示されていたという歴史を踏まえれば、偶然の産物ではないのです。もちろん、容姿に恵まれていればそれで良いというわけではありません。接客という仕事に不可欠な能力は、他人と円滑にコミュニケーションをとる能力です。就職先として接客サービス業を希望している人は、多少なりとも自分のことを「他人に良い印象を与えることができ、コミュニケーション能力がある」と考えているとも言えるでしょう。それが接客サービス業で働いている人たちが放つ「キラキラしたまぶしさ」の源であり、その自信にあふれた姿が

第7章　接客業とジェンダー　*110*

「あこがれ」を誘発しているのかもしれません。でも、もしかしたら、その「キラキラしたまぶしさ」ゆえに、接客業がはらむさまざまな問題が見えにくくなっているという可能性はないでしょうか？

　容姿を評価する・されるという事例の中で、皆さんにもっとも身近な事柄は、大学の文化祭で行われるミスキャンパスではないでしょうか。最近共学の大学ではミスキャンパスとミスターキャンパスを両方開催することで、ジェンダー・バランスをとっていることが多いようです。1960年代〜80年代にかけて、フェミニストの間で**ミスコンテスト批判**の声が高まり、現在でもミスコンテストを批判する声は根強くあります。女性の容姿のみを評価するコンテストは女性蔑視であり、ジェンダー・イメージの固定化に繋がるといった主張がなされています。反対に、美しさというきわめて曖昧で個人の価値観に関わることまで差別問題としてしまうことを批判する立場もあります。外見を評価することに関する議論は、なかなか終着点をみることはなさそうです。

　ところが、接客サービス業と容姿の問題がなかなか答えの出ないテーマだからといって議論を棚にあげてしまうことはとても危険だということを、最近の出来事を例に挙げて考えてみたいと思います。

　2014年の春、LCC（格安航空会社）のS社が新たな路線の就航記念キャンペーン用として、ひざ上約25センチの「超」ミニスカートの客室乗務員を搭乗させるという発表をしたところ、「下品」「不快」など多くの批判が寄せられました。その後、批判を受けて実際に搭乗する際にはひざ上約15センチに変更したそうですが、それでも十分にミニスカートでした。客室乗務員の職務は、乗客の安全で快適な空の旅をサポートすることであり、緊急事態においては機敏に行動する必要がある危険で専門性の高い業務です。ミニスカートを履いたことがある人であれば想像ができると思いますが、このような短いスカート丈で、ゆれる飛行機の中で足をふんばり、荷物の上げ下げをし、お客様と会話をするために腰をかがめたりすれば、非常に心もとない状況です。下着が見えないかどうか、太ももが露わになってはいないか、そんなことを気にしながらの業務はとても能率的とはいえません。なぜ、このような企画が社内で通ってしまったの

でしょうか？

「客室乗務員本人たちからも好評なのだからいいじゃないか」という意見もありました。しかし、ジェンダーの視点から、指摘しておかなければいけないことがあります。この企業は、「**女性性**」（女性らしさのイメージやそれを象徴する記号）をビジネスに利用すること、すなわち**性の商品化**に関する意識が希薄であったということです。客室乗務員という職業は、職務内容は過酷で専門性の高いものでありながらも、美しい女性たちの華やかな職業というイメージが存在しています。その華やかなイメージから、客室乗務員という記号が一部の人からは性的な対象として見られるという事実も存在します（アダルトビデオのタイトルを見れば一目瞭然です）。性的な好みの問題は個人の心の中の問題ですから、誰も踏み込むことはできませんし、その必要もありません。日々業務にはげむ客室乗務員は、もしかしたら「性的な目」で見ているお客様がいるかもしれないということを心の片隅で引き受けながら、粛々と仕事をこなしているのです。企業はむしろ、そのような「性的な目」から乗務員を守らなければいけない立場にあります。ところが、この「客室乗務員にミニスカートを履かせて通常業務にあたらせる」というキャンペーンは完全に逆の企画です。このような企画が社内を通過してしまうということは、客室乗務員の業務内容を低く評価しているという事実の露呈でもあり、キャンペーンの仕事も低く評価している（容姿の美しい女性に露出度の高い衣装を着せればよいという程度の考え）という事実の露呈でもあるのです。

2016年にも、企業のモラルを問われる新ビジネスが公表され、大きな批判を受けて即日中止となる出来事がありました。旅行会社のH社は、海外旅行の新サービスとして、「東大美女図鑑」に名を連ねている現役東大女子学生（学部2年生から4年生）5名の中から一人を選び飛行機の中で隣に座ってもらい、その女子学生が得意分野の話題を提供してくれるという企画を発表しました。得意分野の話題といっても「お笑い」や「雑学」といった専門知識とはいえない内容も含まれていました。ひらたく説明すると、「知的で若くて美しい女性がフライト中に横に座って話し相手になってあげますよ」という企画です。サービ

スへの応募に年齢や性別制限は設けられていませんでした。この企画には、H社が即日中止を発表するほど多くの批判が寄せられたようですが、ネットやテレビでは賛否両論が飛び交いました。企画を擁護する側の声は「東大美女へのやっかみだ」「アイドルがファンと旅行するのと同じじゃないか」という論調でした。「東大美女」をどう見るかという争点では、批判派と擁護派が水掛け論に陥ってしまいます。「美男子だったらいいのか」という話になってしまうと、取りつく島もありません。

　ここで、ちょっと視点を変えてみましょう。さまざまな争点の中で、「フライト中に横に座って話し相手になる」という職務内容がどういうことなのかということは、ほとんど争点にはなりませんでした。企画が発表された時にモデルコースとして紹介されていたのは成田発ロンドン着のフライトです。直行便での飛行時間は12時間30分を要します。初対面の人と12時間30分もの長い間、横に座ってコミュニケーションをとる、しかも相手によっては、不用意に性的なイメージを掻き立てないようにコントロールしながら会話を続けるという仕事は、きわめて高度な**接客対話**能力を必要とします。12時間30分のフライト中には、消灯時間もあれば食事もあります。食事にはアルコールも提供されます。バックヤードもなければアシスタントもいない状態で1対1の会話を続けるという難易度の高い業務です。さあどうでしょうか？　この業務がどれほど難しいか想像できましたか？　このように横に座って飲食をともにしながら会話をするという仕事は、**風俗営業法**の定める**接待**にあたる行為と言えるのではないでしょうか。残念ながらこの旅行会社は、職務内容に関する認識が甘く、接客という仕事を軽く見ていたと言わざるを得ないのです。

　接客という仕事において、容姿の美しさは時として客を引き付けます。それを企業が戦略的に利用することについては、常に批判派と擁護派がいます。しかし企業は、良いか悪いかといった是非論を展開する前に、その職務内容を適切に評価し、その業務に含まれるリスクを十分に理解する必要があります。トラブルを未然に防ぐことも、企業に求められている危機管理業務です（企業の皆さん、どうかよろしくお願いします）。

122

第4節 | 女性限定の接客サービス業「ホステス」という仕事

　接客サービス業といわれる仕事の中には、女性限定の仕事とそうでない仕事があります。男女雇用機会均等法により性別を限定することができない職業については、少しずつ門戸が開きつつあります。人数は少ないですが、最近では男性の客室乗務員、男性のバスガイド、男性のウエディングプランナー、男性の仲居も登場してきています。もちろん女性に偏っているという性別職務分離の状況に変わりはありませんが、実務の現場で男性の活躍が注目されるようになってくれば、性別職務分離もゆるやかながらも解消されていくことが期待されます。

　その一方で、性別を限定して求人募集をすることが例外的に認められている職業があります。どのような場合に例外が認められているのでしょうか？男女異なる取扱いをすることが認められているケースは以下の五つがあります。

　　A．芸術・芸能の分野における表現の真実性等の要請から必要がある職務
　　B．守衛、警備員等のうち防犯上の要請から必要がある職務
　　C．宗教上、風紀上、スポーツにおける競技の性質上その他の業務の性質上必要性がある職務
　　D．労働基準法又は保健師助産師看護師法により男性の就業が制限されている場合
　　E．風俗、風習等の相違により男女のいずれかが能力を発揮しがたい海外での勤務が必要な場合その他特別の事情により均等な取扱いが困難であるとみとめられる場合

　性別を限定して募集をしても違法とならない日本国内での職業の具体例としては、上記のAに該当するものとして俳優・モデル、Bに該当するものとして警備員、Cに該当するものとしてスポーツ選手、エステティシャン、ホスト・ホステス、Dに該当するものとして助産師、Eに該当するものとして異なる文

化圏への海外派遣を挙げることができます。

　ではここで、業務の性質から女性限定で募集することが認められている**ホステス**という接客サービス業に注目してみることにしましょう。ホステスという職業に注目することで、接客サービス業をジェンダーの視点で考えることが、ますます一筋縄ではいかないということがわかってきます（ここでは、キャバクラ嬢も含めて、夜の**接待型飲食業**で働く女性接客スタッフの総称としてホステスという言葉を使うことにします）。

　さて、ホステスとは、いったいどのような存在なのでしょうか？　一緒に考えてみてください。ホステスは、「女性らしさ」を強調した服装で男性を接待することで女性のジェンダー・イメージを固定化する存在なのでしょうか？　それとも、日本独特の商習慣の中で日本文化を体現する存在なのでしょうか？　おそらく答えは両方とも「イエス」です。ホステスという職業は、日本の社会風土が生み出した特殊な職業であり、なおかつ「女性らしさ（女性性）」を商品とするビジネスです。

　いままでジェンダー研究の中で積極的に議論されてきた性の商品化の問題は、性風俗や売買春、すなわちセックスビジネスをめぐる議論が中心でした。セックスビジネスは人権をめぐる切迫した問題をはらむ重要なテーマです。また最近では、アダルトビデオへの**出演強要**が大きな社会問題として注目され、アダルトビデオ業界を巻き込みながら大きな議論になっています。

　これらの活発な性の商品化をめぐる議論の中で、いわゆる水商売と呼ばれる接待型飲食業は、一般的な（男女雇用機会均等法による性別を限定されていない）接客サービス業とセックスビジネスの中間という議論しにくい職業です。外部からは業務の実態が見えにくいために、男性に媚びるイメージばかりが先行し、ジェンダーの議論から置き去りにされがちです。ホステスは、芸者・芸妓のように特別な芸をもっているわけではありませんが、身体接触を伴う性サービスを提供しているわけでもありません。それでもやはり、女性に求人を限定することが例外的に許されていて、男性を接客することを職務内容とするホステスの仕事は、明らかに彼女たちがもっている女性性を商品にしています。

接待型飲食業と一言でいっても、その中には、たくさんの業種・業態があります。クラブ、スナック、キャバレー、キャバクラ、そして最近では**ガールズバー**という業態もあります。実際には、これらの業態はそれぞれにビジネスモデルが異なっていて、女性たちの役割も違っています。どのような仕組みでお店が利益をあげるのか、その中で女性の職務は何か、職務に見合った適正な報酬・給与が支払われているのかを意識していなければ、搾取があっても、違法性のある運営であっても、それに気が付くことができません。深く考えずに、時給が高いからという理由で安易に水商売を始めてしまうと、いろいろな誘惑や甘い言葉につられて不本意な仕事に引きずり込まれていくケースがあります。

【コラム7－1　ガールズバーというグレーな業態】

　2000年代後半に登場したガールズバーという飲食の新業態は、今では全国の繁華街に存在するほどの広がりを見せています。ガールズバーは法の網の目をくぐったグレーな業態です。若い女性をバーテンダーとして雇い、カウンター越しに客と会話をさせるという営業スタイルです。横に座って接客をするわけではありませんので、風俗営業ではなく一般飲食店という分類になっています。でも、そこで働く女性たちにはバーテンダーとしての技術があるわけではありません。客の目的はお酒ではなく女性とのコミュニケーションです。つまり、ガールズバーのビジネスコンテンツは女性による接待なのですが、キャバクラやスナックのように風俗営業の許可を取る必要がありません。なぜなら、オーセンティックなバーで女性バーテンダーとの会話を楽しむこととガールズバーに「おんなのこ」目当てで通うことに線を引くのは、きわめて困難だからです。風俗営業法の規制から巧みに逃れるようなビジネスモデルを作ることで、ガールズバーは朝まで営業している店舗も多く、ガラス窓などの視認性の高い内装で営業をしている店舗もあります。したがって、そこで働くスタッフは、女性性を商品としながら、立ちっぱなしの長時間労働で、一般飲食店に近い時給で働かされているのです。経営者から見ればとても「おいしい」業態なのです。その店の基本の料金システムがお酒という商品に対して支払われているのか、それとも30分〇〇円などと滞在時間に対して支払われているかということも、ひとつの判断基準になるでしょう。滞在時間に対して支払われているということは、その店の商品は、お酒ではありません。水商売で働き、自分の性を商品にするということは、必ずそれに伴うリスクがあります。無自覚に足を踏み入れることがない

第7章　接客業とジェンダー　*125*

> ように注意しましょう。

　水商売で儲けようとしている経営者たちは、常に他店との差別化を考え、新業態を開発しようと知恵を絞っています。新業態はビジネスモデルや求人方法が巧妙で素人にはわかりにくい誘惑がたくさん隠されています。そう簡単に美化してよい世界ではないでしょう。だからといって、水商売というだけで差別をするということも偏見です。水商売にやりがいを感じながら積極的に仕事をしている人がたくさんいるのも事実です。

　2014年、民放キー局のアナウンサーに内定していた大学4年生の女性が、銀座でのホステス経験を理由に内定を取り消されるという出来事がありました。その後、学生側が裁判を通じて内定取り消しの無効を訴え、和解が成立し、彼女は無事にアナウンサーとして採用されました。内定取り消しを通告した際のテレビ局の理由は、アナウンサーに必要な清廉性に問題があるというものでした。でも、「女性だから〇〇」「男性だから〇〇」と決めつけてしまうのと同じように、「ホステスだから〇〇」という決めつけは、偏ったものの見方を助長してしまうことになりかねません。職業という分類で人間の良い悪いは判断できません。銀行員に良い人も悪い人もいるのと同じように、ホステスにもいろいろな人がいるのです。「ラベル」や「イメージ」だけで他人を判断し決めつけてしまうことは、とても悲しく残念なことです。

　仕事を必要としている女性たちの中には、水商売という受け皿があったことで暮らしを成り立たせてきた人たちが大勢いることも忘れてはいけないでしょう。2016年に私が行ったインタビューに協力してくれたママさんたちは、さまざまな困難に直面しながらも店を経営し続けています。東京都品川区で40年以上スナックを経営している加藤信代さん（60代・仮名）は、若いうちに離婚を経験し、2人の子どもを女手ひとつで育て上げてきました。子どもが大きな病気をして入院したこともありましたが、スナック経営がなければ医療費を払うことができなかったと言います。銀座で25年クラブを経営している鍋島和子さん（60代・仮名）は、お店のことを仕事場と言います。母子家庭に育ち、高校を卒

業後、独身のまま60代を迎えた鍋島さんにとって水商売は生業です。わたしたちにクラブやスナックという非日常空間を提供してくれる彼女たちにとって、その非日常空間は日常であり生活なのだということが、インタビューを通じて伝わってきました。

　2016年、ヒラリー・クリントンがアメリカ大統領選に敗れ、**ガラスの天井**という言葉が新聞や雑誌に頻繁に登場するようになりました。総合職で採用された女性がある程度のところまで昇格すると、見えない天井にぶつかり、それ以上昇格できないということを表す言葉です。一般企業の総合職で働いていた渡辺響さん（40代・仮名）は、ガラスの天井にぶつかった結果、会社を辞めてホステスになりました。渡辺さんはホステスをしながら大学院に通い、今では大学で講師をしています。渡辺さんが職種の転換を図る上で、ホステスという仕事はキャリアの踊り場的機能を果たしたといえるでしょう。

【コラム７－２　総合職からホステスになった渡辺さんの語り】

　ベンチャー企業の総合職で働いていた私は、35歳で自分にはどうにもできない行き止まりに突き当たりました。今思えば、あれはガラスの天井だったのかもしれません。私は経営陣の一員になることを望んでいましたが、自分が職場で空回りしていることが悲しいくらいに実感できました。会社を辞めて大学院進学を考えた時に、学費と生活費を稼ぐために始めたのがホステスという仕事でした。オーナーママがひとりでやっているような小さなお店の中には、明るく話し好きであれば採用してくれるところもありました。お客様の中には女性を蔑んで見るような人もいましたが、不思議と悔しい気持ちはしませんでした。お金を払って威張りにきているんだなと達観することができました。私の場合はホステスになって収入が減りましたが、それでも、総合職で働いていた時のストレスから自分が解放されていくのがわかりました。ホステス同士やママとのトラブルなどもありましたが、女性であることが仕事の足かせになってきた私にとって、初めてセクシュアルアイデンティティと仕事が結びついた職場でした。あの時、思い切って夜の世界に飛び込んでいなければ、精神的に参っていたかもしれません。水商売は私に合っていたと思います。ホステスという役を演じながら接客をすることも、むしろ自己一体感のようなものがありました。

渡辺さんの語りは、今の日本で女性が活躍をする上でのたくさんの矛盾に気付かせてくれます。水商売の世界では、離婚や家族の病気など、さまざまな理由でお金が必要になった女性たちが、緊急避難的に働きにくるということがよくあります。今日では非正規雇用の女性たちや学費に困っている学生たちの**セイフティネット**となっている側面も否定できません。その一方で、彼女たちの立場は常に不安定です。税法上は個人事業主という立場であるために、突然クビになることもよくある話です。クラブやスナックなどの接待型飲食業で働く女性たちの正確な数は把握されていませんが、歴史的にも数的にも無視できない業界である以上、そこで働いている女性たちの実態を見つめるということは、ジェンダー研究にとっても大切な視点となるはずです。水商売で働くということは、社会的地位は低く、蔑まれて見られることも多いでしょう。その結果、彼女たちの世界を経営的な視点で評価するという試みには、まだまだ研究の余地が残されています。女性の社会進出が困難な時代に、経営者として店を切り盛りしてきたベテランママさんたちの経営手腕に注目することも、**女性のエンパワーメント**を考えるヒントになるのではないでしょうか。旅館の女将さんしかり、お茶屋のお母さんしかり、「店」を守り続けている世界では女性が顧客対応やマネジメントの場面で立派に活躍をしてきています。男女共同参画が叫ばれる今、雇用機会の均等を通じて職業におけるジェンダー不平等を是正すると同時に、今まで女性が活躍してきた仕事を評価し直すことも必要です。「おもてなし」への注目が接客という仕事の再評価に繋がり、女性が活躍できる社会の下支えとなることを期待したいものです。

おわりに

　これまで、「接客」というキーワードを使いながら、ジェンダーの問題がいかに複雑なテーマなのかを示してきました。話題を客室乗務員からホステスに広げたのも、簡単に白黒をつけられないテーマだということを実感してもらいたかったからです。接客サービス業で働くということは、個人が持っている

「容姿」や「コミュニケーション能力」そして「セクシュアルアイデンティティ」に至るまで、実に個人的な事柄が問われます。しかも職業なわけですから、ビジネス的な観点も必要になってきます。接客業とジェンダーの問題は、個人が持っている唯一性とビジネスという巨大権力のせめぎあいの問題なのです。この章では、便宜上「女性」という立場から接客サービス業とジェンダーの問題を指摘してきました。このテーマを唯一性という視点で捉え直せば、接客業にまつわるジェンダー課題は性別を超えた問題です。ひとは誰でも自分の唯一性を認めてもらうことを求めています。接客サービス業は、その唯一性を活用する職業なのですが、そこにある権力との緊張関係に常に目を光らせていなければ、いつの間にかその唯一性は搾取されてしまいます。接客という仕事が、唯一性を搾取する温床になるのではなく、個々人が輝ける仕事としてその役割を果たすことを願っています。

（小関　孝子）

【お薦めブックガイド】

■　雨宮由未子 2012『寄り添う 銀座「クラブ麻衣子」四十年の証』講談社ビジネスパートナーズ：「クラブ麻衣子」は銀座のクラブ文化に大きな影響を与え続けている老舗高級クラブですが、高級であるがゆえに一般庶民がその中身を知ることはできません。日本におけるクラブ文化がどのように創られ継承されてきたのかを知ることができる、貴重な手記だと言えるでしょう。

■　A.R. ホックシールド 2000（石川准・室伏亜希訳）『管理される心──感情が商品になるとき』世界思想社：接客という仕事を感情労働という切り口で分析をした1983年のホックシールドの著作の日本語訳です。客室乗務員の仕事を分析しており、接客という仕事が単純労働ではないことを説明するためには有効な概念です。

■　M・フーコー（渡辺守章訳）1986『性の歴史Ⅰ 知への意志』新潮社：個人的な性の問題がどのように権力と絡み合っているのかを理解するための必読書です。一度読んだだけではわかりにくいかもしれませんが、何度も繰り返し読むことで、

権力という得体の知れないものを察知するセンサーが研ぎ澄まされていきます。

【参 考 文 献】

天野正子 1982『転換期の女性と職業 共生社会への展望』学文社

江原由美子編 1995『性の商品化』勁草書房

橘木俊詔 2008『女女格差』東洋経済新報社

吉澤夏子 1997『女であることの希望』勁草書房

「女子の職業としての電話交換手」『婦人之友』1913年2月号pp.50-54

「新らしく出來た婦人の職業」『婦人之友』1913年11月号pp.44-62

Gender

■■08■■

セクシュアリティ
〈性〉の多様性とジェンダー

　私たちは何気なく"フツー"といった言葉を日常で口にしてしまうことが多いでしょう。「フツーに美味しい」、「フツーに考えて」など、相手とのコミュニケーションの際、その言葉を"フツー"に用いています。そして、"フツー"ではないものに対しては、特別な視線——称賛、あこがれ、怖れ、憐憫、蔑視……——を注いでいるのです。"フツー"という言葉は、どこか価値中立的な響きすら感じさせますが、この言葉が投げかけられる多くの場合、"フツー"ではないことにはマイナスの価値が付与され、"フツー"から逸脱したものは排除されていく傾向があります。

　本章では、セクシュアリティに関して"フツー"じゃないという理由で排除されてきた、あるゲイ男性のライフストーリーをジェンダー／セクシュアリティ平等の視点から捉え、上記のような日常生活で見えにくくなってしまっているこの社会の「枠組み」を問い直してみたいと思います。

■■ 第1節 ｜ 「ジェンダー／セクシュアリティ平等」の視点とは？ ■■

　本章では、後述する「ジェンダー／セクシュアリティ平等」の視点に基づいて社会構造をみていきたいと思います。**セクシュアリティ Sexuality**（以下、〈性〉）は、学問においても分野によって定義に幅のある言葉ですが、本章は以下のように「広義のセクシュアリティ」と「狭義のセクシュアリティ」というように分けて定義します。

1．広義／狭義のセクシュアリティ

　広義のセクシュアリティとは、「**性の権利宣言**」[1]にある「生涯を通じて人間であることの中心的側面をなし、セックス（生物学的性）、ジェンダー・アイ

■■■ 第8章　〈性〉の多様性とジェンダー　*131*

デンティティ（性自認）とジェンダー・ロール（性役割）、性的指向、エロティシズム、喜び、親密さ、生殖がそこに含まれる」と定義します。

　「性の権利宣言」とは、人間の〈性〉の分野に関する学会組織、NGO、専門家などによって構成された国際的な団体である性の健康世界学会（WAS）によって1999年に採択されたものです。これら〈性〉の権利は、望みうる最高の性の健康を実現するために不可欠なもので、すべての人間が人間としてもって生まれた自由・尊厳・平等に基づき、危害からの保護に対するコミットメントを含む、普遍的人権に基礎を置いています。つまり、これらから読み取れるのは、**人権としての〈性〉**という考え方なのであって、マイノリティ／マジョリティにかかわらず、すべての人に関係しているということです。ここからも、〈性〉を理由にした排除は、人権侵害なのだということがわかるでしょう。

　このような広義のセクシュアリティの捉え方を前提としながら、「性の権利宣言」にあった個々のものを狭義のセクシュアリティといいたいと思います。多くの「入門書」では、**セックス**（からだの性：身体的性別）、**ジェンダー・アイデンティティ**（こころの性：性別自認）、**セクシュアル・オリエンテーション**（好きになる性：性的指向）の三つを「セクシュアリティ」として紹介しています。この捉え方は、セクシュアル・マイノリティとは誰を指す言葉なのか考える時、また〈性〉の問題を考える時に重要になるため詳しくみてみましょう。

セックス（からだの性：身体的性別）
性染色体、性腺、性ホルモン、内性器・外性器などの身体的性別を指します。「戸籍の性」という表現もされることがあり、この「戸籍の性」、戸籍をたどると行き着くのは「出生届」になるのです。つまり、生まれた時に外性器（ペニスがついているか否か）で「男性」か「女性」かが医師によって判断されるのであり、性腺や性ホルモン、性染色体のレベルで自分が「女性」か「男性」かを把握している人は非常に少ないといえるのです。
ジェンダー・アイデンティティ（こころの性：性別自認）
こころの性と呼ばれる、自分が「男性だと思う」、「女性だと思う」、「女性でも男性でもないと思う／決めたくない」などという性別の認知をいいます。
セクシュアル・オリエンテーション（好きになる性：性的指向）
性的魅力を感じる対象の性別が何か、ということです。「女性に性的魅力を感じる」、「男性に性的

魅力を感じる」、「男女どちらにも性的魅力を感じる」、「人間であれば性別に関係なく性的魅力を感じる」、「性的魅力を感じない」などがあります。

　これら三つを取り上げましたが、狭義のセクシュアリティすべてに共通するのは、すべて多様だということです。ジェンダー・アイデンティティも、どれくらい男性／女性だと思うか／思わないかは多様ですし、セクシュアル・オリエンテーションもどれくらい好きだと感じるか、またいつから好きだと感じるかも人それぞれなのです。また、「男」／「女」とあたかも２つに分けられるように考えられているセックスに関しても、たとえば「男性」という性を生まれた際に医師から与えられた場合であっても、身長や体重、外性器の形状など「目に見える」ところも人それぞれですし、もちろん、「目に見えない」性ホルモンや性染色体についても人それぞれ多様です。つまり、ついつい〈性〉に関して「画一化」されたイメージを私たちはもってしまうことがありますが、〈性〉は多様で**グラデーション**状なのです。

2．「ジェンダー／セクシュアリティ平等」の視点

　〈性〉という概念は多様であるということをおさえると、〈性〉に関して差別のない世界を創っていくためには、多様性を尊重することが重要になりますし、〈性〉は人権なのだという観点から、すべての人に関係するものなのだという考え方が必要だということもわかります。そういった意味では、この〈性〉という概念は、これまでの「男女平等」という考え方の見直しを迫っているといってもいいでしょう。

　「男女平等」という言葉は皆さんも耳にしたことがあると思います。この言葉にはこれまで以下のような指摘がなされてきました。一つは、男性が「基準」として考えられてきており、その「基準」に女性が追いつくことを求めてきたことです。つまり、「男並みの女」になることを求めてきた／いるわけで、「女性の活躍」という近年よく耳にするようになった言葉もこの「基準」に基づいているといえるでしょう。もう一つは、「男性」、「女性」という枠組みが

第8章　〈性〉の多様性とジェンダー　133

画一化され、多様性が無視されてきたということです。ここまで〈性〉について学んできましたが、「女性」、「男性」といっても、非常に多様であり、グラデーションがあることが理解できます。

　以上からも、「男女平等」の視点ではなく、「ジェンダー／セクシュアリティ平等」の視点を大切にしていく必要があるといえるでしょう。

　これまで学んできたことをもとにして「ジェンダー／セクシュアリティ平等」の視点を考えると、ジェンダー論や、その論を発展させてきたフェミニズムの理論・実践を踏まえて、「社会におけるすべてのひとの〈性〉に関する抑圧の解放を目指す」視点であると定義できるでしょう。

■ 第2節 ｜ 〈性〉の多様性に着目して

1．セクシュアル・マイノリティとは？

　「セクシュアル・マイノリティ」という言葉は、なかなかなじみのない言葉であるかもしれません。そのかわりに、「LGBT」という言葉は近年、メディアなどで多く用いられていますので、なじみ深いのではないでしょうか。この「LGBT」という言葉は、レズビアン（Lesbian）・ゲイ（Gay）・バイセクシュアル（Bisexual）・トランスジェンダー（Transgender）の頭文字をとった言葉なのです。「LGBTs」などと表して、セクシュアル・マイノリティの「総称」なのだと表現する当事者もいます。

　さて、なぜ、「LGBT」という言葉が広く用いられているのでしょうか。その理由としては、今日国際的な文書において「LGBT」という表現が用いられていること、また、好んで用いる「当事者」やその「関係者」が多いということが挙げられるでしょう。いまここで「好んで用いる」と書きましたが、それは逆に言えば、セクシュアル・マイノリティという言葉に「抵抗」がある当事者がいるということです。この「マイノリティ」という表現にネガティブなものを感じている「当事者」や「関係者」が少なくないことは事実でしょう。「LGBT」というある種キャッチーな表現は、日本語の「同性愛者」や「性同

一性障害」といった表現に表れる「性愛」や「障害」という「ネガティブ」に受け取られがちな表現を避けることができるという「利点」があるのかもしれません。

ただし、その「利点」には、大きな落とし穴があると考えられます。「LGBT」という表現は、これまでのセクシュアル・マイノリティたちによってなされてきた社会運動において乗り越えようとしてきた課題が「忘れ去られてしまう」危険性をはらんでいます（コラム8－1）。セクシュアル・マイノリティによる社会運動において問題とされてきた、セクシュアル・マイノリティと非セクシュアル・マイノリティのマイノリティ／マジョリティという「権力差」が、「LGBT」という表現では十分に表すことができないという問題をはらんでいるのです。

これに関連して、レズビアンであることを明らかにしながら文筆家としても活躍している牧村朝子は、この「LGBT」という概念をめぐって、「お別れのお手紙を書こうと思って」いると表明しています。牧村は、LGBTという概念が30余年に築きあげられてきた概念であること、それによって助けられてきた人たちがいることに触れながらも、この表現によって「こぼれ落ちる人がいる」ということを懸念しているのです。つまり、「LGBT」という言葉が有名になるにつれて、「セクシュアル・マイノリティは『LGBT』の4種類である」といった誤解や、「LGBTか否かに人間を分けることができる」という誤ったイメージを抱く人が増えてきていることを危惧しているのです（牧村、2015）。

先に〈性〉の概念を整理した時にも確認した通り、〈性〉とは、多様性を尊重する概念であり、「画一化」に注意を払うための概念でもありました。「LGBT」という概念を用いることによって、**〈性〉の多様性**が忘れ去られる、〈性〉の権利を獲得するためになされてきた社会運動の課題が忘れ去られてしまう恐れがあるのです。

【コラム8－1：セクシュアル・マイノリティと社会運動】

「社会運動」というと、何かマジメな感じや、コワい感じがするかもしれません。

第8章　〈性〉の多様性とジェンダー　*135*

でも、いろいろな形の社会運動があるのは知っていますか？　テレビでよく取り上げられる「プラカード」を掲げて主張するものだけが、社会運動ではありません。日本のセクシュアル・マイノリティによる社会運動は、1970年代にその萌芽が見出せますが、時代に合わせて、また、課題意識の変化によって、社会運動のあり方は変化してきました。

　たとえば初期は、まず「差別されている」ということに気が付く必要があったため、気付けるような「学習会」がなされていましたし、その後、セクシュアル・マイノリティであることを理由に差別されるということに気付いた人たちによって、対メディア・国家への抗議活動がなされていきました。1990年代後半からは、セクシュアル・マイノリティである自分たちはここにいるということを示すために、パレードやマーチといった、人の集まるところでの活動がされています。今日では、支援者（**アライ**）も参加して、セクシュアル・マイノリティの権利を考える活動が全国・全世界でなされています。ぜひ、皆さんも参加してみてはどうでしょうか？

　よって、本章では「セクシュアル・マイノリティ」という表現を積極的につかいます。なお、セクシュアル・マイノリティは、「1⑵②狭義のセクシュアリティ」で触れた三つの〈性〉において「マイノリティ」である人々のことを指します（図8－1）。

2．セクシュアル・マイノリティの語りを聞くということ

　本章では、あるゲイ男性のライフストーリーから、私たちの生きる社会の枠組みを問い直したいと思います。日本ではこれまでさまざまな分野でセクシュアル・マイノリティに関する研究がなされてきました。その中で人文・社会科学分野におけるセクシュアル・マイノリティの研究の多くは、セクシュアル・マイノリティ「当事者」の語りを丁寧に聞き取ってきています。

　とくに、質的研究と呼ばれるような研究、たとえば、フィールドワークやインタビュー調査などでは、「当事者」の語りから、彼女ら／彼らが置かれている社会状況を明らかにしようという課題意識がみられます。「自分たちのアイデンティティをつくるために必要なアイデンティフィケーションをあらゆる面

図8−1　多様な性の樹形図(2)
（性の多様性をわかりやすく図式化したもので、実際にはもっと複雑に枝分かれします）

で阻害されてきている者たちとして、レズビアン＆ゲイは長い間自らの『口』を持てなかった」（キース 1997：10）というように、セクシュアル・「マイノリティ」と呼ばれる被抑圧状態に置かれてきた人たちの記録は、当人たちの記憶の片隅に放置されてきた状況があり、その状況を改めるためにも、「当事者」の語りを丁寧に聞き取ることが重視されてきたのです。

　また、「当事者」の語りが重視される理由として、ジェンダー・セクシュアリティ平等の視点が十分ではなかった研究の多くが、**異性愛中心主義、性別二分法**に基づいており、セクシュアル・マイノリティが「不可視化」されてきたからだと考えられます。初期の白人中産階級女性によるフェミニズム、ジェンダー研究においてでさえ、男女という「二分法」で社会状況を分析してきたこ

と、特に「異性愛の男女」という視点で社会状況を分析してきたことが、セクシュアル・マイノリティ「当事者」らから批判されてきました。これらの批判を乗り越えるためにも、本章は、「当事者」の語りを丁寧に掘り起こしたいと思います。

■ 第3節 〈性〉の多様性を受けとめる──違和感と向き合う

　あるゲイ男性──以下、オサムさん（仮名）とします──のライフストーリーをジェンダー／セクシュアリティ平等の視点から分析すると、私たちが生きる社会の枠組みはどのように浮かび上がるのでしょうか。

　ライフストーリーを見る上で、ひとつ気を付けておきたいのは、オサムさんは、セクシュアル・マイノリティ、特にゲイ男性の「代表者」ではないということです。私たちはついつい、１人のマイノリティの経験をマイノリティすべてに共通するものだと勘違いしてしまいますが、ここまで何度も繰り返しおさえてきたように、マイノリティも多様であって（オサムさんと共通の思いを抱えているマイノリティもいるかもしれませんが）まったく同じ経験をしているマイノリティなど存在しないのです。それを踏まえた上で、オサムさんの略歴をおさえておきましょう。

　オサムさんは、1990年に東北地方のとある地方都市周辺で生まれたゲイ男性です。2008年（18歳時）に首都圏の国公立大学に進学するまでは、生まれた地域で育ち、現在は、首都圏で一人暮らしをしています。

　なお、〈性〉に関することを、本人の了解なしに無断でさらすことを**アウティング**といいます。本章の原稿を書くにあたって、オサムさんには、プライバシーに十分に配慮することを条件にオサムさんの経験を記すことを快諾していただいています。

1．きづく──「わたしは“フツー”じゃない」という思い

　さて、オサムさんが自分の中の「違和感」と出会ったのはいつだったのでし

ょうか。オサムさんは、自身の「性の目覚め」を思い出しながら以下のように
語っています。

> 中学三年生の時ですね。僕は周りの男子に比べても精通が遅かったと思う
> んです。僕の場合は、初めての精通が夢精だったんですけど、その時の夢
> に男性アイドルが出てきたんです。その時、「あ、ぼくって"フツー"じゃ
> ないかも」ってなんとなく思いました。

　オサムさんの場合は、中学３年時に体験した精通の時に、自身の〈性〉にお
ける「違和感」に向き合ったといいます。このようなライフイベントに関する
研究はこれまでもなされています。社会疫学の研究者でゲイ・バイセクシュア
ル男性の種々のライフイベントが起こる平均年齢を調査している日高庸晴
（2007）は、13.1歳で「ゲイであることをなんとなく自覚」し、17.0歳では「ゲ
イであることをはっきりと自覚した」という結果を明らかにしています。また
ジェンダー／セクシュアリティと教育について研究している渡辺大輔（2010）は、
若年ゲイ男性にインタビュー調査を実施しており、インタビュー当事者が、小
中学生時からセクシュアル・マイノリティ（ここではゲイ男性）であると自覚が
あったことを明らかにしています。ここで大切なのは、あくまでも「平均」は
「平均」なのであって、セクシュアリティは多様であるということをしっかり
おさえておきましょう。
　ここで皆さんの中には、「じゃあ、ゲイだって気が付かなければ平気だって
ことじゃん！」と思った人もいるのではないでしょうか？　果たして、気が付
かなければ問題にはならなかったのでしょうか？　ここで、特徴的なエピソー
ドを見てみましょう。

> 小さい頃から女の子と遊んでるほうが多かったし、遊び自体もいわゆる
> 「男の子っぽい」遊びには全然興味が持てなかったんですよ。未だに、男の
> 人の集団に居るのって息苦しいし。あきらかに「バカにしてるんだな」っ

第８章　〈性〉の多様性とジェンダー　*130*

てのは、言葉にされなくても気づきますからねー。やっぱり僕の見た目とか、動作とかが"フツー"の男の子じゃないってのをバカにしたいんでしょうね。

　オサムさんは、小さい頃の自分の様子を振り返りながら、人間関係について語っています。これらからもわかる通り、オサムさんは、男の子の仲間集団に入って遊ぶことを苦手としていたようです。ここでは、「男の人の集団」という言葉が出てきます。ここでオサムさんがいう「男の人の集団」は、**ホモソーシャル**と言い換えることができるでしょう。ホモソーシャルは、**女性嫌悪（ミソジニー）** と **同性愛嫌悪（ホモフォビア）** によって成立しています（コラム8-2）。

【コラム8-2　ホモセクシュアルとホモソーシャル】

　ホモソーシャルとは、イブ・K・セジウィックが『男同士の絆』という本で言及している言葉です。セジウィックは、**ホモセクシュアルとホモソーシャル**という言葉を使いながら、男性の連帯の強固さと女性の排除について説明をしました。セジウィックは、ホモセクシュアルとホモソーシャルという言葉を明確に分けています。ホモセクシュアルは、同性に対して欲望を抱く存在のことであり、男性の場合は、男を愛する男のことを指します。一方、男ではない性である女を「他者化」して、排除しながら形成していく男同士の絆をホモソーシャルといいます。

　つまり、オサムさんのいう「男の人の集団」は、同性愛を否定することによって成り立っているので、「息苦しい」思いをすることになったのでしょう。ただ、ホモソーシャルな社会で苦労をするのは、決してセクシュアル・マイノリティだけではありません。たとえ"フツー"と思われている／思っている「男性」であっても、「なよなよ」している、あるいは「女々しい」などという表現を用いられながら、「屈強な男」というイメージを押し付けられることはあるでしょうし、もちろん「女性」もミソジニーによって、「男の世界だから、女は黙っていろ」などという視線を浴びせられることもあるでしょう。

　つまり、「ゲイである」ということに気がつかなくても気がついても、社会

自体が「同性愛」を排除する枠組みになってしまっているので、「同性愛者」はもちろん、すべての人が生きづらい社会になっているのです。オサムさんは、そのことに気がついていたのでしょう。

2．つむぎなおす——「カミングアウト」と関係性の再構築

オサムさんは中学3年時に「なんとなく」自身が"フツー"じゃないことに気がついたといいます。さて、先ほどの日高（2007）のライフイベントでいう「はっきり」と自覚したのは、いつだったのでしょうか。

> 自分が「絶対そうだ」というよりも、"フツー"じゃなくても大丈夫なんだって思えたのは、大学1年の時ですね。そのあと、今でも仲が良い大学時代の友人たちに初めてカミングアウトしました。一緒に（大学のジェンダーの授業を）受けてたんで、それに普段からそういうネタでふざけたりする人じゃないから。みんなびっくりはしていたけど、受け止めてくれました。それでいいんじゃない？　って。

オサムさんによれば、大学1年生の時に「"フツー"じゃなくても大丈夫」なのだと自覚したといいます。この経験からは、自身の〈性〉を受け止めたことが読み取れます。さて、自身の〈性〉を受け止めたオサムさんは、仲の良かった友人に「カミングアウト」をしたといいます（コラム8‐3）。

オサムさんがカミングアウトした時の条件とは、「そういうネタでふざけたりする人」じゃないことであるといいます。そういうネタとは、いわゆる「ホモネタ」というものを指しています。男子高校で教員経験があり社会学研究者でもある前川直哉（2010）は、学校における同性愛差別について、そのような発言をした生徒には、差別発言をしたという意識がなく、社会に広く存在するホモフォビアが反映されたものなのだと認識しています。

たしかに、バラエティ番組を中心としたテレビの世界では、日々、「オネエ」タレントと呼ばれる同性愛者やトランスジェンダーが「嗤い」の対象として描

第8章　〈性〉の多様性とジェンダー　*141*

かれており、彼ら／彼女らを「イジる」ことは、あたかも問題がないように放映されています。このようなイメージが蔓延しているのですから、「ホモネタ」をいう人が当事者の周りにいてもなんらおかしくないのかもしれません。ただし、オサムさんがセクシュアリティを「ネタ」にされることを嫌がっているように、そのような「ネタ」にするような人権感覚に乏しい人に対しては、わざわざカミングアウトはしないのでしょう。また、カミングアウトしたことがあるという当事者の中でも、友人よりも家族に対してはカミングアウトしにくいのだといわれています。オサムさんも、家族に対してカミングアウトすることを躊躇したといいますが、そんな中で、同居していた姉に対しては「割とスムーズにカミングアウトできた」と語っています。

> 同居していた姉もジェンダーを勉強してて、性教育の本とかが本棚にあるのを知っていたので、多分（カミングアウトしても）大丈夫と思ったんです。

オサムさんの経験からは、カミングアウトした相手が受け止めてくれる人かどうかを探る姿が見て取れます。教育学研究においては、自分がセクシュアリティを受け止めることができるというサインを出すことが、セクシュアリティで困っている人を助けるための第一歩であるという話がよくなされています。たとえば、〈性〉の多様性を表す**レインボーカラー**（6色レインボー）を見えるところに掲示したり、セクシュアリティ関係の図書を本棚にさりげなく配架したりすることなどが挙げられます。オサムさんのお姉さんの場合、意図していていたのかはわかりませんが、結果としてオサムさんにとっては「味方」であると認識されたのでしょう。

そのように、オサムさんはカミングアウトをしながらそれまでの関係性を再び構築し直していったのです。オサムさんによれば、「自分の周りには、幸運なことにカミングアウトしてもあからさまな拒絶をする人はいなかった」そうです。もちろん、コラム8－3にもあるようにカミングアウトは、大変リスクがあるものではあります。私の友人の中には、カミングアウトしたことによっ

て、家族や友人たちとうまく関係性をつむぎ直せなかった人もいますし、なかにはカミングアウトした相手にアウティングされてしまい、職場に居づらくなってしまったり、メンタルヘルスを損ねてしまったりする人もいます。

　私自身は、カミングアウトを「一緒に重い荷物を持ってもらうこと」だと捉えています。もちろん、重い荷物を持ってもらうことは、相手にも負担をかけてしまうことです。ただ、「一緒に持ってもらう」大前提として、関係性がある程度構築されている必要があると考えられます。

【コラム 8 - 3　カミングアウトとアウティング】

　カミングアウトとは、"Come out of the closet（クローゼット［押入れ］の中から外に出る）"という言葉の略で、自身の性的指向をクローゼットの外（つまり、異性愛中心主義社会）では隠して生きている人たちが、クローゼットの外に飛び出すという意味をもつ言葉です（逆に、カミングアウトしていない状態のことを、**クローゼット**といいます）。もとはアメリカを中心とする英語圏で用いられていた言葉で、キリスト教文化が根強いアメリカなどでは、同性愛者であることによって命の危険にさらされることが（現在でも）あり、非常に重い意味のあった言葉でした。

　また、セクシュアリティに関することを本人の了承なしに他人と共有することをアウティングといいます。いわゆる「ばらす」という行為ですが、この行為によって「ばらされた」人が社会から差別を受けるというのが今日的状況です。アウティングをした本人が人権侵害をしているのはもちろんですが、アウティングが成立してしまう——つまり、差別を許してしまう——この社会も大いに考えねばなりません。社会を構築しているのは、紛れもなく、社会で生活している私たち、すべての人々なのです。アウティングがなされてもその差別的な意味が成立しなくなる社会を私たちはつくっていく責務があるといっても過言ではないでしょう。

　オサムさんが、カミングアウトできる相手を探っていたのは、関係性が成立しているのかを確認していた作業だったのだと推測できます。一人で胸の中にとどめておくには重い内容を一緒にもってもらうことで、相手と一緒に新しい関係性を紡ぐということがカミングアウトなのだといえるのではないでしょうか。

３．ひろげる──〈性〉を学ぶ素晴らしさを周りにも伝えていくこと

オサムさんのライフストーリーをもとにして社会の枠組みを考えていくことが本章の目的でした。ここまででは、オサムさんが、自身が“フツー”ではないことに気付き、そして、自身が“フツー”ではないということをもとにして周りとの関係性をつむぎ直してきたことを見てきました。

さて、その後オサムさんは、〈性〉についての学びを重視したいのだと、現在〈性〉についての研究を続けています。オサムさんの研究に向けた課題意識には、自身の経験が深く関わっているといいます。

> 「ジェンダー研究」っていう法学の授業だったんですけど、そこで「〈性〉によって差別されることはあってはならない」みたいな話をされたんです。性について、特にセクシュアル・マイノリティについてしっかり学んだのはその時が初めてだったんですけど、学んだ時にものすごく安心したんです。

現在の日本において、〈性〉については、いつでも／どこでも学べるわけではないのかもしれません。特に、セクシュアル・マイノリティにとって、自分自身が何者なのか、また、どのように生きていったらいいのかというモデルが描きにくいことは、これまでの研究によって明らかになっています。オサムさんも例外ではなく、大学で〈性〉について学ぶまでは、「正しい」情報を手に入れることができなかったといいます。

> 家のパソコンで、家族が寝てる時とか出かけている時にこっそり調べたり。あと、「自分は違うんだけど」ってふりをしながら、性に詳しいクラスの男の子に聞いたりとか。なんせ、情報がなくて。特に、「正しい」情報。誰にも相談できなかったし。

オサムさんは、パソコンやクラスの友だちに性に関する情報を聞いていたと述懐していますが、ここでポイントなのは「『正しい』情報」を手に入れることが困難だったということです。

セクシュアル・マイノリティについての「正しい」情報は、オサムさんが中学生だった時代、2000年代初頭では、学校教育の中で十分に学ぶことができる内容ではありませんでした。学校教育における〈性〉に関する学びというと、「性教育」を思い出す人も多いと思います。ただし、「性教育」自体、現在においても学校教育の指導要領には組み込まれておりませんし、オサムさんが中学生だった2000年代初頭には、〈性〉に関して否定的に考えている国会議員や「知識人」と呼ばれる人、そのような人々や政党を支援する新聞やテレビ局によってなされた**ジェンダーフリー・バッシング**や**性教育バッシング**が日本では起こっていたこともあり、性教育自体が十分になされてこなかったといえます（コラム8-4）。先に挙げた「性の権利宣言」は16項目からなっていますが、その10項目には、「10.　教育を受ける権利、包括的な性教育を受ける権利」があり、「人は誰も、教育を受ける権利および包括的な性教育を受ける権利を有する」のであり、包括的な性教育は、「年齢に対して適切で、科学的に正しく、文化的能力に相応し、人権、ジェンダーの平等、セクシュアリティや快楽に対して肯定的なアプローチをその基礎に置くものでなければならない」とあるのです。

【コラム8-4　性教育バッシング】

　性教育へのバッシング（攻撃）は、1992年の、いわゆる「文部省版性教育元年」に起こりました。そこでは、「性教育にまともにとりくむ実践と研究」に対して、「性交教育」や「コンドーム教育」といった造語を使って誹謗・中傷がなされたのです。その頃は、現場の教員や教育委員会、学校に対して、一部の週刊誌や宗教団体がクレームをつけるという方法がとられていたのですが、2002年には、一部の国会議員、地方議会議員によって男女共同参画条例や男女平等教育・性教育に対する批判や攻撃がなされました。

　バッシングの際には、「過激な性教育」や「行き過ぎ」といった表現が繰り返しなされました。このような根も葉もない情報の喧伝・攻撃によって、それまで学校でなされていた性教育が萎縮していったことで、〈性〉に関わる科学的で正しい情報が子どもたちに伝わらなくなってしまいました。このようにして、日本で育った子どもたちは、国際的に見ても〈性〉に関わる正しい知識を十分に学ぶことができない

状況に追い込まれていったのです。

　この国際的な動向からみても、日本における〈性〉の学びの当時の状況は、決して十分であったとはいえません。科学的に「正しい」情報が入らなかったことで誰にも相談できなかった状態にあったオサムさんが不安であったことが予想されます。このような不安を解消したきっかけが、大学における学びであったのです。

　「安心できる」空間で日々の生活を送ること、それすら危うい状況に置かれているセクシュアル・マイノリティの状況が、オサムさんのライフストーリーからも読み取れます。オサムさんの経験をもとにして考えるならば、「安心できる」空間を広げていくためにも、〈性〉の学びを広げていくことが大切なのだといえるでしょう。この「学び」の空間は、決して学校教育だけを指しているのではなく、家庭教育、社会教育においてもなされていかねばなりません。また、「なされていかねば」という他人事のような表現ではなく、ひとりひとりがそのような空間を「つくっていかねばならない」のでしょう。その「つくっていく」という行為自体が、本章で考えてきた「枠組み」を問い直すことに繋がっていくわけですし、「つくっていこう」と、自分自身何ができるのか、自分事として能動的に考えていくことが「枠組み」を変化させていくことに繋がるのではないでしょうか。

■■ おわりに——あらためて"フツー"を問い直す

　本章では、一人のゲイ男性のライフヒストリーをもとに、私たちが"フツー"と表したくなってしまうこととその"フツー"という枠組みから排除されてしまう人々について、自分事として捉え直すことを目的にしていろいろ考えてみました。

　もしかしたら、この章を読んで初めて「ゲイ男性」や「セクシュアル・マイノリティ」について知った人がいるかもしれません。そういう人にとっては、

その人の"フツー"という枠組みが少しでも問い直されたでしょう。また、オサムさんの経験を知ることによって、「そんな大変なことを経験している人もいるんだー」と思った人もいるかもしれません。その人にとっても、〈知〉の枠組みの変化を体験する機会になったのではないでしょうか。皆さんが、この章を通してまじめに丁寧に〈性〉についての〈知〉を手に入れたことと思います。

　しかし、今回学んだ〈知〉が、〈性〉に関して平等な社会を創っていく時に邪魔になってしまう恐れがあります。たとえば、ここで学んだことをもとに、「セクシュアル・マイノリティって、〜で困ってるんでしょ？支援してあげなきゃ」とセクシュアル・マイノリティを支援したとします。しかし、何度もこの章で繰り返してきたように、あなたが支援しようとしたそのセクシュアル・マイノリティは、多様な人間の一人なのです。何で困っているかは、その人次第ですし、もしかしたら、まったく困っていないかもしれない。または、皆さんがここで学んだこととは別の観点で悩んでいるかもしれないわけです。〈知〉を獲得したからこそ、見えなくなってしまうことも、たくさんあるわけですね。もしあなたが、この章で学び得た〈知〉を誰彼構わず画一的に当てはめようとしてしまったら、その人個人をみるという点に関して、この章がかえって目を曇らせる結果に導いてしまったことになるでしょう。

　また、「支援」という概念自体にも気をつけねばなりません。支援する／されるという構造は、する側の立場性を問わない危うさをはらんでいます。「マイノリティ側」について学ぶことによって、支援される側のマイノリティ性だけが問題視されることに繋がってしまい、する側がつくりだしている／加担している差別構造は問い直されないということも、往々にしてあります。

　そこで、この章で最後にお伝えしたいのは、ここで学んだことを、記憶しながらも「学びすてる」ことです。「えー、そしたら、これまで学んだ意味がないじゃないか！」と怒ってしまう人もいるかもしれません。しかし、学びすてることにこそ意味があるのです。セクシュアル・マイノリティがどのようなことで困っているのか、ということを記憶しながらも、それを紋切り型に当ては

第8章　〈性〉の多様性とジェンダー　*147*

めないことが大切であって、そのためには、多様性を前提に、相手の話に耳を傾けることが重要になります。相手の話に耳を傾けることは、私たちの身の周りにある「見えなくなっているもの」、「見ようとしないもの」を拾い上げることに繋がるのです。また、マイノリティについて学びながら、自らのマジョリティ性に向き合うことが大切です。差別問題は、差別される側にだけスポットライトを当てて考えればよいのではなく、"フツー"であるとして問われてこなかったマジョリティ側を問い直すことこそが重要になります。

　"フツー"という言葉がもつ意味を日々問い直していくこと、そのためには社会の状況に注意を払いながら、自分に向き合うことが大切になるでしょう。"フツー"の問い直しこそが、差別なき社会への変革につながる第一歩であり、重要な一歩になるのです。

（堀川　修平）

【注】

（1）日本語版は、東優子らによって翻訳がされています。詳細は、以下を参照してください。http://www.worldsexology.org/wp-content/uploads/2014/10/DSR-Japanese.pdf（最終アクセス：2017年2月8日）

（2）　渡辺大輔作成の図（出典：「アクタス」北國新聞社）より引用した。

【お薦めブックガイド】

■　『季刊 セクシュアリティ』エイデル研究所（2000～）："人間と性"教育研究協議会の機関誌ともいえる、セクシュアリティと教育の総合情報誌。豊富な資料やデータの検討、さまざまな実践授業の紹介がなされていて、テキストとしての利用はもちろん読み物としても充実しています。

■　よしながふみ『きのう何食べた？』講談社（2007～）：弁護士と美容師のゲイカップルの「日常」を描いた漫画。「クィア作家」とも評されるよしながふみの代表作の一つで、性欲ではなく食欲を主軸に、ジェンダー／セクシュアリティの問題を鋭く考察している作品です。

■　加藤慶・渡辺大輔編著 2012『セクシュアルマイノリティをめぐる学校教育と支援 エンパワーメントにつながるネットワークの構築にむけて 増補版』開成出版：セクシュアル・マイノリティの若者のライフヒストリー、学校文化の問い直し、サポートネットワークについて詳しくまとまっている一冊。本章でも扱っている前川論文、渡辺論文も掲載されています。

【参 考 文 献】

浅井春夫ほか 2003『ジェンダーフリー・性教育バッシング ここが知りたい50のQ&A』大月書店

岩川ありさ 2016「『ようこそ、この教室へ』——異性愛主義と性別二元論を超えて——」『高校生活指導』202　全国高校生活指導研究協議会pp.48−51

河口和也 2009『クィア・スタディーズ』岩波書店

キース・ヴィンセントほか 1997『ゲイ・スタディーズ』青土社

日高庸晴ほか 2007「ゲイ・バイセクシュアル男性の健康レポート2」(厚生労働省エイズ対策研究事業)「男性同性間のHIV感染対策とその評価に関する研究」成果報告

堀川修平 2016a「日本のセクシュアル・マイノリティ運動の変遷からみる運動の今日的課題——デモとしての「パレード」から祭りとしての「パレード」へ」『女性学』23　日本女性学会pp.64−85

——— 2016b「日本のセクシュアル・マイノリティ〈運動〉における「学習会」活動の役割とその限界——南定四郎による〈運動〉の初期の理論に着目して」『ジェンダー史学』12　ジェンダー史学会pp.51−67

——— 2017「セクシュアル・マイノリティに引かれる『境界線』」『総合人間学』11　総合人間学会　pp.55−66

牧村朝子 2015「拝啓　LGBTという概念さんへ」『現代思想』43（16）pp.72−74

索　引

あ 行

アウティング　138
アンペイド・ワーク（無償労働）　110, 114
イエ制度　58, 83
育児休業　70
異性愛中心主義　137
一般職　107
インターセックス　13
M字型曲線　99
M字型就労　62
女将　116
お茶汲み　118
〈男らしさ〉の鎧　18

か 行

ガールズバー　125
隠れたカリキュラム　46
家族政策　67
家族賃金　104
家父長制　81
ガラスの天井　108, 127
間接差別　107
クローゼット　143
ケア・ワーク　114
経済的暴力　86
合計特殊出生率　65
構造的な問題　81
コース別採用　107
戸主　83
個人賃金　104
戸籍筆頭者　84
雇用の調節弁　115

さ 行

再婚禁止期間　59
再生産労働　101
GGI（ジェンダー・ギャップ指数）　97
ジェンダー・アイデンティティ　132
ジェンダー・イメージ　4

ジェンダー・ステレオタイプ　6, 44
ジェンダー・トラッキング　46
ジェンダー・トラック　46, 54
ジェンダー・バイアス　6
ジェンダーフリー・バッシング　145
事実婚　60
社会化　7, 22
社内接客　118
終身雇用　104
出演強要　124
職域・職階　96
職業婦人　117
女系による家業の継承　117
女子教育　37
女子差別撤廃条約　39
女子大亡国論　48
女女格差　110
女性学　11
女性冠詞　27
女性嫌悪（ミソジニー）　140
女性職　110
女性性　121
女性のエンパワーメント　128
人権としての〈性〉　132
垂直分離　100
水平分離　100
性規範　7
性教育バッシング　145
生産労働　101
性の権利宣言　131
性の商品化　121
〈性〉の多様性　135
セイフティネット　128
性別職務分離　114
性別特性論　21, 37
性別二元論　8
性別二分法　137
性別役割分業　62, 101
性別役割分業観　21

150

性役割　7
セカンド・シフト　102
セクシュアリティ Sexuality　131
セクシュアル・オリエンテーション　132
セクシュアル・ハラスメント　106
接客サービス業　114
接客対話　122
セックス　7, 132
セックス・ワーカー　114
接待　122
接待型飲食業　124
世話労働　101
選択的夫婦別姓　61
選択的夫婦別姓制度　85
総合職　107

た　行

ダウリー　79
ダウリー殺人　79
ダブルスタンダード　18
男女共同参画社会基本法　40
男女雇用機会均等法　26, 36
男女混合名簿　40
男女二分法　97
男女平等　9
男性学　11, 18
男性冠詞　28
直接差別　107
賃金格差　96
デートDV　92
同一価値労働同一賃金の原則　111
同一職務の垂直分離　42
同一労働同一賃金推進法　112
同一労働同一賃金の原則　111
同性愛嫌悪（ホモフォビア）　140
ドメスティック・バイオレンス　76

な・は　行

仲居　117
年功賃金制　104
年齢階級別労働率　99
パタハラ（パタニティ・ハラスメント）　70

パワー・ハラスメント　106
非婚　60
非対称性　51
非嫡出子　59
ひとり稼ぎ手　63
風俗営業法　122
夫婦同姓　58, 60
フェミニズム　11
ブレッドウィナー　102
ホステス　124
母性主義　64
母性役割規範　62
ホモセクシュアル　140
ホモソーシャル　140

ま・や・ら　行

マタハラ（マタニティ・ハラスメント）　71
ミスコンテスト批判　120
名誉の殺人　78
有徴化　27
容姿端麗　119
利益相反　116
リケジョ　50
リプロダクティブ・ヘルス/ライツ（性と生殖に
　　関する健康と権利）　67
良妻賢母教育　38
レインボーカラー　142
労働者派遣法の改正　115
労働の流動化　115
労働力率　96
ロールモデル　23, 50

執筆者紹介

笹川あゆみ（ささがわ　あゆみ）

武蔵野大学・東京家政大学非常勤講師、東京都北区男女共同参画センターアドバイザー

オックスフォード・ブルックス大学大学院社会科学研究科修了　Ph.D.（人類学）

「夫婦間の性別役割分業はなぜ変わらないのか」（共著、『アジア女性研究』第24号、2015）、「自己中心主義と人生の選択——若い教養のある母親の態度の変化」G.マシューズ・B.ホワイト編『若者は日本を変えるか——世代間断絶の社会学』（世界思想社、2010）

＊読者への一言「ジェンダーの視点で世の中を見てみると、慣れ親しんだ風景も変わって見えてくるのではないかと思います。その驚きをぜひ楽しんで体験してください。」

北原零未（きたはら　れみん）

大妻女子大学・東京家政学院大学 他 非常勤講師

中央大学大学院経済学研究科博士後期課程修了、博士（経済学）

「個人主義大国フランスにおける〈カップル主義〉と日本における〈婚姻の価値〉」（宮本悟編『フランス——経済・社会・文化の実相』中央大学経済研究所研究叢書66号、2016）、「夫婦間の性別役割分業はなぜ変わらないのか」（共著、『アジア女性研究』第24号、2015）「フランスにおける同性婚法の成立と保守的家族主義への回帰」（中央大学経済研究所年報第45号、2014）

＊読者への一言「ジェンダーを学ぶことは、自分の生きている社会の負の部分を見つめることであり、自分の中の甘えや弱さと向き合うことでもあります。それはなかなかしんどい作業ですが、その先に見えてくるものもあります。そんな驚きや喜びを味わってもらえたらと思います。」

小関孝子（おぜき　たかこ）

（一社）社会デザイン研究所特別研究員、産業能率大学・麗澤大学・戸板女子短期大学非常勤講師

立教大学大学院21世紀社会デザイン研究科博士課程後期修了、博士（社会デザイン学）

『生活合理化と家庭の近代——全国友の会による「カイゼン」と『婦人之友』』（勁草書房、2015）

＊読者への一言「社会はつねに変化しています。ジェンダーを時代のダイナミズムの中で捉えてみてください。」

堀川修平（ほりかわ　しゅうへい）

東京学芸大学大学院連合学校教育学研究科博士課程在籍、埼玉大学非常勤講師

「日本のセクシュアル・マイノリティ運動の変遷からみる運動の今日的課題——デモとしての『パレード』から祭りとしての『パレード』へ」（『女性学』24、2016）、「日本のセクシュアル・マイノリティ〈運動〉における「学習会」活動の役割とその限界——南定四郎による〈運動〉の初期の理論に着目して」（『ジェンダー史学』12、2016）

＊読者への一言「マジョリティも含めた『多様な性』を学ぶことは、自分の立ち位置をも問い直す学びです。ぜひ一緒にシャカイを変える学びをしませんか？」

ジェンダーとわたし
——〈違和感〉から社会を読み解く——

2017年5月1日　初版第1刷発行

編著者　笹　川　あゆみ

発行者　木　村　哲　也

定価はカバーに表示　　印刷　恵友社／製本　川島製本

発行所　株式会社 北樹出版

〒153-0061　東京都目黒区中目黒1-2-6
URL：http://www.hokuju.jp
電話(03)3715-1525(代表)　FAX(03)5720-1488

ⓒ2017, Printed in Japan　　　　ISBN 978-4-7793-0542-9
（落丁・乱丁の場合はお取り替えします）

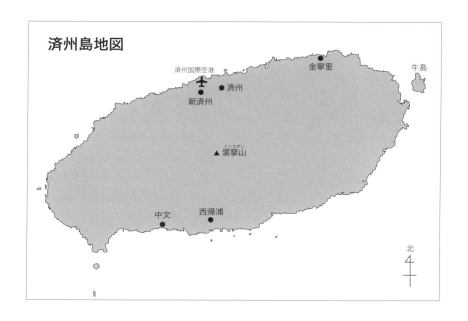

An ethnography of Jeju women divers
The life world of 'underwater field'
제주 잠수의 바다밭
사회관계 와 생태적 지속 가능성을 위한 문화적 실천
by An Mi-Jeong (안 미정)

japanese translated by Kim Soon-im ©

First published in Japan in 2017
by Alphabeta Books Co., Ltd.
2-14-5 Iidabashi Chiyoda-ku, Tokyo, Japan 102-0072

済州島海女の民族誌

チャムス

済州学研究センター済州学叢書 28

제주 잠수의 바다밭

「海畑」という生活世界

アン・ミジョン 안미정〔著〕

キム・スンイム 김순임〔訳〕

小島孝夫〔監修〕

アルファベータブックス